COACHING
DE DENTRO PARA FORA!

Ricardo Melo

COACHING
DE DENTRO PARA FORA!

Prefácio:
Dr. Richard Moss MD

Copyright© 2014 by Ricardo Melo

Todos os direitos desta edição reservados à Qualitymark Editora Ltda.
É proibida a duplicação ou reprodução deste volume, ou parte do mesmo, sob qualquer meio, sem autorização expressa da Editora.

Direção Editorial	Produção Editorial
SAIDUL RAHMAN MAHOMED editor@qualitymark.com.br	**EQUIPE QUALITYMARK**

Capa	Editoração Eletrônica
EQUIPE QUALITYMARK	**ALGO MAIS SOLUÇÕES EDITORIAIS**

CIP-Brasil. Catalogação-na-fonte
Sindicato Nacional dos Editores de Livros, RJ

M472c

    Melo, Ricardo
    Coaching : de dentro para fora! / Ricardo Melo. – 1. ed. – Rio de Janeiro: Qualitymark Editora, 2014.
    208 p. ; 21 cm.

    Inclui bibliografia e índice
    ISBN 978-85-414-0165-4

    1. Pessoal - Treinamento. 2. Mentores nos negócios. I. Título.

14-12221   CDD: 658.3124
     CDU: 65.310.845

2014
IMPRESSO NO BRASIL

Qualitymark Editora Ltda.
Rua Teixeira Júnior, 441 – São Cristóvão
20921-405 – Rio de Janeiro – RJ
Tel.: (21) 3295-9800

QualityPhone: 0800-0263311
www.qualitymark.com.br
E-mail: quality@qualitymark.com.br
Fax: (21) 3295-9824

Sumário

PREFÁCIO — VII

NOTA DO AUTOR — IX

01 O PODER DA MISSÃO — 1

02 FLEXIBILIDADE DA MISSÃO — 15

03 APRENDENDO A DESAPRENDER — 25

04 TRANSFORME SEUS CONFLITOS EM UM CRESCIMENTO EXISTENCIAL! — 31

05 CUIDADO COM O QUE QUER, POIS VOCÊ PODE CONSEGUIR! — 49

06 É PRECISO TER CURRÍCULO INTERNO! — 61

07 PACIÊNCIA. A CIÊNCIA DA PAZ! — 73

08 MOTIVAÇÃO: O COMBUSTÍVEL DAS REALIZAÇÕES — 83

09 QUE TAL ACENDER SUA PRÓPRIA LUZ? — 95

10 PERDOE A SI MESMO — 111

11	FAÇA O MELHOR QUE PUDER	119
12	FAÇA ALÉM DO QUE ESPERAM DE VOCÊ	125
13	É HORA DE PLANEJAR. PREVEJA SEU FUTURO!	133
14	QUANDO PERDER É MELHOR DO QUE GANHAR...!	143
15	VOCÊ JÁ SOFREU POR AMOR	151
16	SUCESSO PROFISSIONAL E QUALIDADE DE VIDA: UMA PARCERIA POSSÍVEL	157
17	TRABALHO E PRAZER PODEM ANDAR JUNTOS?	163
18	INTELIGÊNCIA ESPIRITUAL E SUCESSO PROFISSIONAL	173
19	APENAS POR UM DIA	183
20	QUER QUALIDADE DE VIDA? FUJA DO PILOTO AUTOMÁTICO!	187
21	UMA CARTA PARA VOCÊ!	191

PREFÁCIO

SER BEM-SUCEDIDO, seja na vida pessoal ou profissional, está muito mais diretamente relacionado a quem nós realmente somos – nossos valores e ética – do que simplesmente ao que momentaneamente temos. Sendo ainda mais assertivo, poderia dizer que o sucesso está muito mais fortemente relacionado a uma questão espiritual que material.

Neste livro claro e inspirador, *Coaching de Dentro para Fora*, Ricardo Melo fala direto ao coração do verdadeiro sucesso em seu sentido mais amplo. Ele nos apresenta pontos de vista muito importantes para alcançarmos uma visão mais profunda sobre quem realmente somos e o que estamos fazendo com nossas vidas.

Você sabia que o perdão é importante não tão somente para a sua saúde psicológica, mas também para você se tornar um grande vencedor em sua vida cotidiana? Você sabia que tendo acesso a níveis mais profundos de consciência sobre as leis que afetam a vida é possível construir relações com grande profundidade e confiança? E que ao aprender a estar realmente "presente", vivendo no "aqui e agora", você já não é mais uma vítima do tempo, pelo contrário, passa a tomar decisões mais sábias e alinhadas com seus reais objetivos?

Você já pensou que em muitos momentos em nossas vidas é melhor perder do que ganhar? Essas percepções são apenas uma pequena amostra do que este livro vai lhe oferecer...

Conheci Ricardo Melo há alguns anos. Quando ele veio para a Califórnia por dez dias para participar de um dos meus seminários intensivos de desenvolvimento da consciência. Eu gradualmente reconheci a maturidade excepcional desse homem, apesar de sua juventude. Ele vê as pessoas como elas são, independentemente de aparência, sexo ou idade. Ele tem uma profunda autoconfiança ao mesmo tempo em que sabe ser vulnerável e humilde. Em sua natureza, ele encarna um raro equilíbrio do masculino bem como qualidades femininas de consciência.

Ele escuta com o coração em primeiro lugar e com uma inteligência penetrante. Pensativo, as palavras cuidadosas vêm depois. Fiquei grato e honrado quando ele me pediu para escrever este prefácio, já que ele foi o responsável por me trazer ao Brasil e ajudar a difundir meu trabalho.

Ricardo pertence a um novo tipo de líder emergente – podemos chamá-los de Influenciadores, cujo poder para trazer a mudança vem de dentro para fora, da sua profunda capacidade para ajudar os outros a descobrir e liberar seu brilho, além de oferecer sua própria visão sábia sobre os caminhos a seguir.

Ele é um *coach*, um curador e um empresário que define muito bem o sucesso material congruente com uma consciência espiritual. É também um ótimo um pai e marido. Sua obra já inspirou centenas de milhares de pessoas a viver a partir de seus corações. E com este livro, ele vai ajudar ainda muito mais pessoas.

Coaching de Dentro para Fora é uma obra que vai fazer você despertar! Ao ler este livro, você receberá os valores e as orientações necessárias para a criação de uma vida equilibrada, sem que a busca do sucesso destrua sua alma.

Leia este livro e, assim como seu autor, torne-se uma fonte de esperança para o futuro!

Richard Moss M.D.

NOTA DO AUTOR

ESTA OBRA QUE VOCÊ LERÁ É MUITO ESPECIAL. Gosto de dizer que ela foi escrita por milhares de mãos, já que é o resultado de muitas aprendizagens às quais no decorrer de muitos anos tive a grata alegria de ter acesso. Sou muito grato à vida pelas oportunidades que tenho tido de aprender com o mundo que me rodeia em vários níveis. Seja no ambiente profissional em que, continuamente, há mais de 15 anos, trilho estreita caminhada com a colaboração de milhares de pessoas sempre presentes em nossos cursos, nos prestigiando na leitura de livros e artigos ou nos assistindo e ouvindo em nossos programas na rádio e na TV, seja no contato abençoado com a dor alheia em trabalhos sociais ou na convivência com minha amada família, sou imensamente grato pelos "presentes" que a vida envia a cada dia que nasce.

Após trabalhar por muitos anos com cursos em várias áreas importantes do desenvolvimento humano e com o processo do Coaching, um trabalho realizado com o objetivo de auxiliar qualquer pessoa que deseje aperfeiçoar habilidades e potencializar talentos que a conduzam à conquista de seus objetivos de vida, acumulamos farto material sobre os grandes conflitos humanos em relação aos desafios enfrentados em nossa existência. Abordaremos aqui temas que tratam do nosso dia a dia, dúvidas e incertezas que fazem parte de nosso cotidiano.

Conflitos são sinais enviados pelo processo em que estamos vivendo, para direcionarmos nossos pensamentos e ações de modo mais condizente com nossa proposta de vida. Mas nem sempre enxergamos assim e eles passam a nos oprimir, incomodar, chegando, em alguns casos, a transformar a existência em uma dura realidade, sem nenhum prazer ou discernimento entre o que é viver e o que é sofrer.

Compreender nossos conflitos e saber ler os sinais que a vida nos envia é de essencial importância para tomarmos decisões mais sábias e harmoniosas com a proposta de vida que desejamos ter. Desenvolver nossa sensibilidade para nos conectar com uma Energia Superior que interfere diretamente em nossas escolhas, sem nenhum misticismo e sim dentro de uma perspectiva lúcida, científica e espiritual, nos torna capaz de vivermos nossas vidas com muito mais sabedoria e leveza!

É por isso que digo que esta obra é especial. Cada capítulo deste livro é composto de um tema sempre presente nos conflitos cotidianos e que, ao ser melhor compreendido, pode nos trazer muitos ensinamentos e nos impulsionar para a construção de uma vida mais rica e repleta de significado.

Muitos dos assuntos a serem abordados foram indicados por pessoas que, como você e eu, buscam encontrar o nível de equilíbrio entre a realidade que vivem e o que gostariam de viver! Nosso enfoque nesses temas sempre foi tratar de forma clara, objetiva e descontraída de assuntos pertinentes aos desafios que encontramos para conciliar uma carreira bem-sucedida com a tão sonhada qualidade de vida!

Em meus valores mais essências sempre cultivei o hábito de buscar o equilíbrio em tudo o que faço. Naturalmente, nada simples de se conseguir, embora seja muito fácil de se falar a respeito. Creio que um ser humano inteiro e íntegro sempre encontrará harmonia e significado em sua vida de dentro para fora e nunca de fora para dentro. Embora possa parecer óbvia essa colocação, vivemos em uma era em que ainda muitos a ignoram. E sempre que temos a oportunidade de refletir a respeito e termos atitudes que nos conduzam aos resultados que tanto desejamos, passamos a ficar mais inteiros e conectados com a vida que sonhamos!

Pois bem, sigamos nosso trabalho de, juntos, descobrirmos os caminhos da realização, vivenciando nossas descobertas pessoais mais profundas e aprendendo a identificar e a viver nosso propósito de vida, uma conquista libertadora para qualquer ser humano!

Muito do que discutiremos aqui vem de minhas próprias aprendizagens de vida, na lide cotidiana, e muitas outras importantes lições vêm de um constante estudo das ciências espirituais conectadas com o trabalho minucioso de anos em contato com milhares de pessoas em várias atividades em diversos meios de comunicação. Assim, gostaria de reafirmar que esta obra é um livro escrito "a várias mãos..."!

Meu desejo é que, ao final desta leitura, algumas estruturas alicerçadas num modo único de ver e perceber a vida possam ser reavaliadas, estimulando-o(a) a grandes mudanças, iniciadas sempre com o primeiro passo. E como é comum encontrarmos pessoas que apresentam resistência a mudanças, por imaginar que as dificuldades sejam maiores que sua capacidade de vencê-las, gostaria de concluir esta nota com uma frase, rica em sabedoria e amor, que muito me inspira como lema maior em minha vida. Uma frase escrita pelas abençoadas mãos de Francisco Cândido Xavier:

"Embora ninguém possa voltar atrás e fazer um novo começo, qualquer um pode começar agora e fazer um novo fim".

Desejo a você uma ótima experiência com a leitura deste livro!

Com todo meu carinho,

Ricardo Melo

01

O Poder da Missão

> Viver é a coisa mais rara do mundo.
> A maioria das pessoas apenas existe.
> *OSCAR WILDE*

COMENTÁRIO: VOCÊ SABE QUAL É SUA MISSÃO? Já parou para pensar no seu propósito de vida? Se tivesse que ser arrebatado agora pela morte, estaria preparado para partir com a consciência tranquila ou se sentiria amargurado com muitas pendências existenciais? Pensar nas respostas para essas perguntas é essencial para nos sentirmos em paz em cada passo de nossa caminhada...

O Poder da Missão

VOCÊ SABE OUVIR O QUE DIZ SEU CORAÇÃO? Foi com essa pergunta que há muitos anos tive a oportunidade de perceber o quão longe me encontrava de compreender o que esse hábito poderia significar. Habituado a raciocinar, a planejar e sempre agir seguindo um plano de ação bem traçado, não preciso nem mencionar o espanto que fiquei quando um querido amigo me fez essa importante pergunta. Nunca tinha parado para analisar a importância do que ele tinha me perguntado. Assim como acontece com muitas pessoas, eu ia vivendo minha vida sem ter muita noção do que estava fazendo. Procurava agir com responsabilidade e buscava acertar em minhas escolhas. Mas a ideia de ouvir o que meu coração dizia era algo muito distante, longe de minha velha forma de viver.

Mas o tempo foi passando e, à medida que caminhava, comecei a perceber que muitas coisas que me aconteciam pareciam não ser fruto de um mero acaso. Era como se houvesse uma estranha conexão entre meu estado de espírito e os fatos em minha vida. Dificuldades inúmeras de minha vida refletiam de maneira fiel minha confusão interior. Ainda não tinha percebido com total nitidez, mas o que via a meu redor simplesmente refletia o que estava vivendo dentro de mim.

Sempre agitado e ansioso, sem me dar conta, eu flertava com a insegurança em praticamente tudo que fazia. Muito embora procurasse passar uma imagem de pessoa segura e centrada, meu interior era um grande redemoinho, repleto de agitações e dúvidas sobre minha real capacidade de superar meus problemas.

Foi nesse contexto que comecei a perceber que meu coração falava. E como falava! Eu apenas não tinha o hábito de escutá-lo. Mas nos momentos de relaxamento, eu sempre sonhava em fazer determinadas coisas e em deixar de fazer tantas outras e sempre que me via nesse estado de espírito experimentava uma leve sensação de prazer e bem-estar. Totalmente diferente do que experimentava em meu dia a dia. Havia uma grande distância entre a vida que eu tinha e o que eu desejava ter. Mas pelo menos comecei a perceber que havia um referencial a alcançar. Comecei a prestar a atenção em mim mesmo. E quando começamos a prestar atenção no que nossa sabedoria interior nos diz, tudo começa a mudar...

Ao fugir do piloto automático, iniciei um processo profundo de autoconhecimento que culminou com um profundo questionamento sobre minha maneira de viver. Questionei minha rotina, meus hábitos e meus pensamentos. E à medida que fazia isso, ficava mais evidente a correlação que havia entre meu desequilíbrio íntimo e os resultados que construía em meu cotidiano. Foi então que resolvi dar uma basta nisso tudo. Foi então que resolvi realmente mudar. Era a hora de mudar para melhor, de me dar uma chance verdadeira de ser feliz. Foi assim que começou minha relação com a energia da missão, de saber identificar, sentir e viver nosso propósito maior em cada passo de nossa existência. Exatamente o que espero que você possa fazer! Apenas quando identificamos qual é o nosso papel no mundo e aprendemos com consciência a desfrutar essa caminhada é que realmente tudo começa a fazer sentido.

Normalmente buscamos em resultados profissionais, outras vezes no dinheiro, no poder e talvez em aventuras afetivas um significado para a vida. Outras pessoas investem suas esperanças na formação de uma família ou mesmo em viver no celibato dedicando-se a causas sociais. Mas seja qual for o caminho, se nele nossa alma não se identificar integralmente, não se alimentar de verdade na passagem de cada dia, certamente ainda não estaremos vivendo nosso papel no mundo de forma consciente e feliz. E se desejamos ser felizes, não há outra forma: precisamos nos conectar com essa realidade: qual é o seu papel no mundo?

Nosso Papel no Mundo

Encontrar nosso papel no mundo, nosso lugar no cenário da vida. Sem dúvida um grande desafio para qualquer pessoa. Embora muitas pessoas não tenham tanta dificuldade para "se encontrar" e seguir seu caminho, há outro grande grupo que se sente deslocado, perdido em relação a seu dia a dia. É como se algo estivesse faltando, uma sensação de que alguma coisa está fora do lugar. E muitas vezes não é apenas uma sensação: realmente muitas coisas estão fora de seu devido lugar!

Reconhecer e viver nosso propósito de vida é compreender o que nos traz realização em nossa forma de viver. Não importa o que façamos ou deixemos de fazer. Não importa o que aconteceu em nossa história até hoje ou o que vá acontecer. Se estamos ligados intimamente a esse propósito, sentimos que fazemos parte de Algo Maior, uma força criadora que em silêncio permeia todo o universo e a vida de todos nós. E essa força deseja que atinjamos nosso ápice e não que vivamos apenas de maneira medíocre intimamente, duvidando de nossas potencialidades e apenas se queixando do que dá errado em nossas vidas.

Quem vive alinhado com seu propósito encontra sentido em cada passo, aprendizagem em cada dor, resposta em cada pergunta e descoberta em cada novo caminho. Já quem não se encontrou, normalmente sente-se deslocado, com uma forte sensação que tudo em sua vida é difícil, pesado e, por vezes, sem nenhum significado.

Refletir, portanto, sobre o papel que você ocupa neste momento em sua vida é muito importante. Compreender quem você se torna à medida que os dias passam é compreender sua própria identidade, é saber quem é você e qual a sua importância para a humanidade.

Já parou para pensar nisso? Pensar em qual é o seu papel no mundo?

Há quem diga que isso não importa. Dizem que a humanidade é muito grande e que não temos papel algum, a não ser lutarmos por nossa sobrevivência, por sermos apenas mais um membro da espécie humana a passar por aqui. Quem pensa assim, comete um terrível engano.

Todos temos um papel importante no cenário da existência. Seja você pobre ou rico, negro ou branco, more no meio urbano ou rural, seja casado ou solteiro, esteja doente ou saudável, todos temos uma divina função na engrenagem da vida. Para facilitar a compreensão do que digo, pense em um relógio!

Isso mesmo, um relógio. Qual a função de um relógio? Alguns dizem: "marcar as horas". Mas na realidade, o relógio tem a função de mostrar a hora certa, a cada instante. E para isso há inúmeras peças envolvidas em sua complexa engrenagem. E muito embora apenas vejamos a coroa, os ponteiros e a pulseira, sem as minúsculas pecinhas cumprindo bem a sua função, que estão dentro do que os relojoeiros chamam de "máquina do relógio", ele nunca mostrará a hora certa. Em síntese: todas as peças são importantes: as que vemos e valorizamos muito e as que não vemos e sequer conhecemos. Porque o relógio é um grande sistema. E em um sistema todos os elementos interagem entre si, influenciando-se, mutuamente, de tal forma que se algum dos elementos desse sistema não funcionar corretamente, de alguma forma afetará todos os demais.

Portanto, quando não vivemos nosso papel no mundo, quando não somos felizes e apenas passamos pela vida burocraticamente, somos como as peças que não estão funcionando direito e afetamos de alguma forma o grande sistema chamado Vida! Por mais difícil que seja de compreender, para o sistema chamado Vida, o presidente de um país é tão importante quanto o desempregado, quanto o funcionário mais simples ou o profissional mais virtuoso. Isso porque todos estão, ao desempenhar sua função de maneira adequada ou inadequada, influenciando todos os demais.

Do mesmo jeito que um relojoeiro não perderia seu tempo e dinheiro colocando peças que fossem inúteis ou desnecessárias no relógio, o grande Relojoeiro da Criação jamais criaria quem quer que fosse sem um papel muito especial a ser desempenhado no cenário da existência. Portanto, se você ainda não sabe qual é seu papel no mundo, está na hora de começar a pensar seriamente sobre isso!

A Missão

Identificar esse papel que devemos ocupar para nos sentirmos realizados não é tarefa muito simples. Seja por condicionamentos mentais, pelas crenças limitantes que trazemos ou por falta de conhecimento de si mesmo, o fato é que boa parte da humanidade apenas passa pela vida sobrevivendo, lutando para vencer cada dia. A ideia de encontrar significado em suas escolhas, realização em cada passo dado, infelizmente, por vezes, ainda é algo muito distante. Mas quando começamos a nos investigar com toda honestidade, encontramos muitas pistas em quem estamos nos tornando e de como desejamos viver nossa vida, independentemente das circunstâncias externas. Definitivamente temos aqui um grande desafio, que não pode ser negligenciado.

O Dr. Victor Frankl, psiquiatra judeu, criador da logoterapia e sobrevivente dos horrores dos campos de concentração da segunda guerra mundial, sempre defendeu em sua riquíssima obra que cada ser humano precisa encontrar seu propósito de vida para ter a chance de ser feliz. E que esse propósito tem a ver com viver de maneira congruente com seus valores mais elevados. E que mesmo no meio dos campos de extermínio em que ele e muitos outros viveram dias horríveis de maus tratos, tortura psicológica e trabalhos forçados era possível encontrar pessoas alegres que, apesar de tudo, mantinham a esperança viva, pois fazia parte de seus valores mais elevados de sustentar a crença de que tudo daria certo no final. Uma simples crença sustentou muitos homens e mulheres e os manteve vivos.

E muitos sobreviventes viram nessa trágica experiência grandes fontes de aprendizagem existencial que pautaram suas vidas após sua libertação, fazendo-os dar mais valor às suas vidas e despertando um forte senso de que cada dia é um presente maravilhoso, mesmo quando há grandes adversidades para se enfrentar.

Somente é possível ter esse espírito de resiliência, reescrevendo na própria memória o significado de suas mais difíceis experiências, aquele que reconhece em sua vida a oportunidade de construir um propósito baseado em crenças saudáveis e poderosas que conduzem a pensamentos e ações repletos de vitalidade e significado! Nada fácil de se fazer, mas possível de se trabalhar. Quem deseja ser feliz, primeiro precisa aprender a sentir-se feliz!

Queremos mudar, desejamos satisfação em nossas vidas, sermos bem-sucedidos, realizados em nossos projetos. Entretanto, isso somente faz sentido se estivermos na estrada certa, se estivermos viajando para a cidade a qual desejamos chegar. Não adianta eu chegar em segurança e com conforto a São Paulo se o que eu queria mesmo era ir para Belo Horizonte. Quem ignora o grito silencioso da própria alma, arrisca-se a viver de forma limitada, podando-se e impedindo-se de alcançar estágios de consciência mais elevados.

A verdadeira mudança para encontrarmos nossa missão e vivermos nosso papel no mundo vem de dentro para fora. É um processo que começa com o despertar da consciência de quem somos e de quem podemos ser e culmina no exercício cotidiano dessas potencialidades, desfrutando todo esse esplendor!

Vivendo a Sua Missão

Mas por onde começar? Como podemos iniciar esse processo tão importante? Acredito que o primeiro passo seja se dar o direito de investigar a própria alma, de sondar seu próprio mundo interior. Se você tivesse certeza de que tudo daria certo e que você não falharia, o que você faria em sua vida para ser completamente realizado(a)?

Preste bastante atenção à resposta que vai encontrar ao se fazer essa pergunta. É uma ótima pista de onde começar para transformar nossos dias em dias maravilhosos. Boa parte da humanidade vive tentando se adaptar às circunstâncias da vida que tem. E, claro, muitas vezes as circunstâncias são bem delicadas. Por vezes, vamos encontrar alguém que mora onde não quer, com quem não quer e da maneira que não quer. Encontramos pessoas trabalhando em funções que não almejam, ganhando salários que não lhe satisfazem ou mesmo tocando negócios que não motivam seu espírito. Vemos pessoas vivendo situações familiares complicadas ou com graves problemas de saúde. E não podemos fechar os olhos para esse quadro. São cenários difíceis, mas apenas isso: cenários! Um cenário é uma formação momentânea, não é eterna. Os cenários mudam de tempos em tempos.

Nos estúdios de TV, troca-se de cenário conforme a necessidade do programa que será gravado ou que irá ao ar. Ou muda-se completamente o cenário após algum tempo que este está em exibição. Vejam que os cenários de alguns programas que vemos hoje na TV são bem diferentes do que víamos nas mesmas atrações há alguns anos. Em nossa vida é a mesma coisa. O que mais vemos são histórias de pessoas que hoje chegaram aonde desejam, mas após saírem de onde desejavam estar. Precisaram abrir mão de seus medos, de superar suas crenças limitadoras e se arriscar na busca de uma vida que lhes trouxesse mais significado. Trocaram cenários indesejados por outros melhores. Mas para isso acontecer, precisamos assumir os riscos de sair da zona de conforto. Precisamos dar o primeiro passo!

É como acontecia nas grandes navegações nos séculos XIV e XV. Navegadores e amantes da navegação saíam em seus navios no sonho de encontrar um mundo novo, desconhecido. Muitos enfrentavam problemas graves em suas viagens. Doenças, mar revolto, tempestades, mas nada disso os impedia de partir. Apesar de saber que corriam riscos, eles acreditavam que valeria a pena correr esses riscos, pois estavam vivendo no caminho que trazia alegria a seus corações. É como alguém que deseja ir de Belo Horizonte a São Paulo de carro em um feriado. O engarrafamento pode ser grande, a lentidão enorme, mas o viajante permanecerá firme se souber que depois de tudo vai chegar aonde deseja. O viajante assume os riscos da viagem quando sabe que está no caminho certo para chegar aonde deseja!

Por isso que o primeiro passo é investigar sua alma, a fim de saber para aonde você quer ir. A ideia não é saber aonde você não quer ir. Não quero saber o que você não deseja mais em sua vida, mas o que você realmente deseja. Pare de se limitar. Independentemente de você estar perto ou longe da vida sonhada, dê-se o direito de saber o que você quer. Sonhe com isso, fale sobre isso, escreva a respeito, mas jamais sufoque os gritos silenciosos que sua alma lhe traz!

O Grito Silencioso da Alma

Quando nossa alma quer algo, normalmente ela sussurra. Assim, sentimos uma vontade, um desejo que, por vezes, parece simples. Mas se não damos atenção a esse sussurro ou imaginamos que não devemos perder tempo pensando em algo que parece muito distante do que queremos, nossa alma grita. É um grito silencioso, pois não há barulho do ponto de vista sonoro. Mas há um estardalhaço do ponto de vista emocional. Quando nossa alma grita e não ouvimos, ficamos irritados, por inúmeras vezes depressivos sem saber exatamente o porquê!

Olhamos a vida ao redor e, em inúmeras situações, nada está fora do lugar, mas ainda assim estamos tristes ou sem energia. A vitalidade está baixa, o ânimo muito fraco e não entendemos qual a razão disso. Se isso acontecer a você, desconfie: provavelmente você está ignorando algo muito importante que seu Eu Superior quer lhe falar. Sua alma, outra forma de se referir a esse "Eu Sagrado", quer lhe dizer algo, te mostrar que alguma mudança precisa ser feita ou que algo precisa ser notado em sua vida. Mas por alguma razão você a está ignorando. Então para chamar sua atenção, ela muda todo seu estado de espírito, de humor, a fim de você começar a se questionar sobre o que está acontecendo e, assim, em algum momento, parar para ouvir o que diz a voz de seu coração.

Quando paramos e realmente começamos a valorizar esse chamado interior, está na hora de darmos o segundo passo para nos alinhar com nossa missão!

O segundo passo é: aprenda a pensar, sentir, falar e viver como se tivesse absoluta convicção de que você já está vivendo sua missão ou que está indo ao seu encontro.

Se você for capaz de sustentar em sua mente o estado mental da vida que deseja, você verá coisas fantásticas acontecerem em sua jornada. Se você aprender a sustentar intimamente a forma como deseja se sentir em relação a tudo que lhe rodeia, alimentando uma espécie de paz interior, mesmo que seja apenas uma projeção mental, cedo ou tarde, nem que seja por puro condicionamento psicológico, você começará a agir como se tudo já fosse verdade. A energia motivacional gerada de maneira contínua desse poderoso estado de espírito desbloqueia algo em nosso Eu Superior.

Quem é capaz de viver conectado à sensação de realização que almeja, começa a viver sua missão em um nível interior, a sentir uma vontade intuitiva que nos fala a cada momento, indicando o que devemos fazer para não perder o estado projetado. Assim, nascem as intuições de como agir no mundo concreto para manifestar o que está sendo vivido no mundo íntimo.

Em vez de fazer para sentir, passamos primeiro a sentir para depois saber o que realmente devemos fazer. E uma coisa é certa: quem age dessa forma, identificando o que lhe traz plenitude, o que lhe proporciona paz e bem-estar, começa a viver uma nova vida, com novas e poderosas sensações. É um processo que vem de dentro para fora e não o que tentamos quase sempre fazer, forçando a mudança de fora para dentro.

Ao tentar encontrar o trabalho de nossos sonhos, ganhar muito dinheiro, encontrar uma pessoa para nos relacionar ou qualquer outra circunstância externa, para somente a partir daí nos permitirmos ser felizes, caímos em uma grande armadilha. A armadilha de que é preciso primeiro TER algo para nos SENTIRMOS melhor.

Compreender sua missão é identificar o que faz sentido para sua vida neste presente momento. Sei que muita gente imagina que missão seja construir um plano de vida de longo prazo em que enxerguemos quantas coisas queremos conquistar. Mas na realidade, a missão tem muito mais a ver com a forma que queremos viver, independentemente das conquistas que possamos eventualmente ter.

Por isso encontramos tantas pessoas que têm muito, mas se sentem vazias. É porque lhes falta algo. Falta-lhes a libertação do condicionamento de que sua felicidade vem de fora para dentro. Quando muitos compreendem que esse processo é ilusório, começam a rever suas vidas, suas prioridades e suas atitudes! É uma pena que muita gente apenas faça essa transição após passar por graves acidentes, por problemas de doenças graves ou após terem perdido alguém muito próximo!

Não precisamos perder o que é importante em nossos dias para somente depois valorizar o que tínhamos. Tenha consciência do que traz significado para sua existência e comece, imediatamente, a preencher cada célula de sua mente e seu corpo com essa energia.

E então, qual seu atual papel no mundo? O que você faria se tivesse certeza de que tudo daria certo e que você não falharia?

Como seria seu estado de espírito se você já vivesse em nível mental a realidade que almeja? Comece suas reflexões por aqui. Já é um ótimo início!

Quando começamos a levar a sério a importância de nossa missão no mundo, passamos naturalmente a acessar outro nível de percepção da vida. A simplicidade passa a ser vista como uma poderosa semente da realização interior e o exercício da gratidão torna-se um grande aliado para fortalecer a certeza da conexão que temos com uma Energia Maior que conduz o destino de todos. E tudo começa com a devida atenção que passamos a dar ao grito silencioso de nossa alma. Talvez seja isso que meu amigo queria eu descobrisse quando me perguntou se eu já ouvia meu coração...

O Poder da Missão

Como seria sua vida se você aproveitasse 30% a mais de seus potenciais adormecidos? Se você se sentisse 30% mais motivado, 30% mais feliz, 30% mais rico, 30% mais saudável e 30% mais afetivo, o que mudaria em sua forma de viver? Veja que não estou perguntando como seria se você tivesse o dobro de tudo isso. É apenas 30%, só isso!

A teoria dos 30% diz que não importa os resultados que já alcançamos na vida. Sempre podemos ter, pelo menos, 30% a mais de realização em cada área de nossa existência. Essa teoria sustenta que temos potenciais inexplorados, que dormem porque não os acordamos. É um potencial extra que apenas é acessado quando rompemos o estágio de consciência comum em que vivemos, normalmente repleto de medos e dúvidas sobre nossa própria capacidade de ir além de aonde já fomos!

Por essa teoria, Einstein, Beethoven, Mozart e tantos outros seres geniais poderiam ter sido, pelo menos, 30% mais geniais do que foram. Nosso nível de comparação não é em relação a outros, mas em relação a nosso próprio desempenho. Todos nós podemos ir além de aonde já ousamos ir. Portanto, não importa quais sejam seus limites atuais, pense como seria sua vida se pelo menos você fosse 30% mais além... Certamente você gostaria muito! Tenho certeza disso. E o primeiro passo é ouvir seu coração e aprender a compreender do que sua alma necessita. Aprenda a se escutar e aceite seu propósito na vida.

Mesmo que não consiga vivê-lo intensamente logo de imediato, cultive uma postura interior como se já o estivesse vivendo. Os resultados serão magníficos! E com o passar do tempo, na proteção desse estado de espírito mais elevado, naturalmente, sem você perceber, começará a ter intuições e percepções de como aproveitar melhor sua vida. Essas percepções apenas são acessadas nesse estado superior de consciência. Um estado de meta-consciência, um espaço em que toda informação contida no universo fica disponível de forma holográfica e não local para que possamos acessá-la!

Quem criou o universo desenhou-o dessa maneira. No decorrer da história, místicos, filósofos e cientistas, cada um à sua maneira, sobrepuseram análises e afirmações a esse respeito. Cada um com sua linguagem e formas específicas de acessar os mistérios da vida, propagou esse caminho na simbologia que sua referência reconhecia como sendo a mais adequada. Místicos sentem pela experiência direta pelo êxtase causado por preces e meditações profundas. Filósofos pelos métodos dedutivos da relação entre o ser e o dever ser. E cientistas pelas descobertas cada vez mais atuais nos campos da física quântica, da psiconeuroimunologia e da genética!

Acredite ou não, há leis que funcionam ao nosso redor e que não importa se cremos ou não nelas. Antes mesmo de Isaac Newton explicar a lei da gravidade, ela já existia com todas as suas implicações. Independentemente de entendermos ou não sobre a eletricidade, suas leis continuam existindo. Da mesma forma ocorre com a teoria dos 30%! O físico quântico da Universidade Princeton, John Wheeler, e colega de Albert Einstein, desenvolveu grande parte de seu brilhante trabalho sustentando o conceito do que chamou de Universo Participativo. Dizia que não somos simples observadores do universo, mas que participamos de maneira ativa de sua criação através de nossa comunicação com uma Matriz da Vida, responsável pela gestão de todos os fenômenos conhecidos.

Assim, segundo Wheeler, quem interage com essa Matriz se comunicando com ela, sua linguagem interfere de maneira direta nos resultados práticos que constrói em sua vida. E a forma de interagir com a Matriz é através de nossos sentimentos! Portanto, quando nos alinhamos com o que nos faz sentir muito bem, atraímos mais do mesmo e, por conseguinte, vamos refletindo de forma participativa os resultados que o universo vai promover em nossa vida. Portanto, todas as sincronicidades que nos rodeiam deixam de ser frutos de um mero acaso para se transformar em respostas claras que o universo traz à nossa forma consciente de se comunicar com ele.

Portanto, pense que ao se decidir prestar atenção à voz silenciosa que grita em seu interior, você dará um grande salto para mudar sua forma de viver, de se relacionar com a vida e tudo que ela pode lhe proporcionar! Ainda que hoje tudo pareça um pouco distante, não desanime. Comece dando os primeiros passos. Lembre-se: tudo começa de dentro para fora. Primeiramente, investigue a si mesmo e logo em seguida comece se sentindo como se já estivesse vivendo sua missão. Faça isso e veja o que acontece. Pense nisso e comece a agir agora!

02

Flexibilidade da Missão

> Não devemos parar de explorar.
> E o fim de toda nossa exploração
> será chegar ao ponto de partida e
> ver o lugar pela primeira vez.
>
> T. S. ELIOT

NO CAPÍTULO ANTERIOR REFLETIMOS sobre a importância de identificarmos nosso papel no mundo, de encontrarmos o sentido que desejamos dar às nossas vidas. Uma vez identificado, faz-se necessário caminhar na sua direção, contornando quando necessário eventuais obstáculos que naturalmente venham a surgir. Há pessoas que mesmo sabendo o que fazer sentem-se impedidas por uma força interna: o medo de mudar! Há outras que precisariam se questionar mais a fim de alcançar a percepção daquilo pelo que realmente valha a pena direcionar a vida.

Sem flexibilidade para mudarmos, nada acontece. Tornamos estagnada a energia que precisa fluir. Corremos o risco de nos ligar às velhas formas de interagir com a vida, ainda que tenhamos o desejo de fazer algo diferente. É sobre isso que vamos falar a seguir...

Flexibilidade da Missão

VOU LHE PEDIR UMA GENTILEZA. Antes de continuar a leitura deste capítulo, mude o relógio de braço, tire os brincos ou troque a aliança de mão. Se estiver sentado, levante-se. Se estiver em pé, sente-se. Por favor, não se questione sobre os porquês neste momento. Confie em mim. Prometo que vai compreender tudo no momento certo. Assim que fizer essas pequenas mudanças, continue a ler o capítulo.

Você já parou para pensar que há apenas duas certezas na vida? Uma é que vamos morrer um dia. A outra é que mudamos constantemente. Segundo os neurofisiologistas, a cada minuto, milhares de células nascem e milhares morrem. A cada sete anos trocamos todas as células do nosso corpo, o que significa dizer que aos setenta anos trocamos todas as nossas células dez vezes. Percebemos assim que biologicamente nascemos predispostos a mudar; vivemos numa constante renovação. Mas, ao contrário do que nos diz nossa natureza, boa parte das pessoas prefere resistir a essa ordem natural que nos convida a mudar, optando por permanecer onde se encontra sem nada fazer de diferente e que ameace o *status quo*.

É curioso, pois tudo que fica parado adoece e degenera: água parada gera lodo e favorece o aparecimento da dengue. Sangue parado coagula, acarretando consequências danosas à saúde. Trânsito parado cria uma série de atropelos às mais variadas situações. Segundo os físicos e os químicos, tudo na natureza está em constante movimento. É um cinetismo necessário à manutenção do equilíbrio sistêmico. E quando nos lembramos de Lavoisier ao afirmar que na natureza nada se perde, nada se cria, pois tudo se transforma, reforçamos nossa crença na relevância de nos predispormos às mudanças, a desapegar dos hábitos e do passado e estar receptivo a novos ciclos que se abrem em nossas vidas!

São pessoas novas que surgem todos os dias. Novas revistas, jornais, programas de tv, locais para divertimento, filmes e cursos que estão nos esperando. Isso sem mencionar oportunidades de construir uma carreira sólida em áreas antes impensadas ou mesmo o convite que recebemos da criatividade quase todos os dias para identificarmos um bom negócio e nele investirmos nossas

Flexibilidade da Missão

energias. Entretanto, para experimentar o novo é necessário desapegar-se do velho, do que ficou antigo. É imperioso compreender os ciclos que regem a vida de todos nós. Há para tudo um ciclo de vida.

Para exemplificar, observe quantas pessoas que cruzaram seu caminho e lhe marcaram, profundamente, com sua presença, ainda que tenha sido apenas um único e breve contato. Entretanto, outras pessoas permanecem por muito tempo à nossa volta e não marcam tanto assim. Os ciclos são inconstantes. Os acontecimentos mais importantes de nossa vida podem ocorrer em ciclos curtos, como no caso de um namoro, um filho que não nasceu ou uma experiência marcante, inusitada. Mas podem ocorrer também em ciclos longos, como trabalhar por vários anos numa mesma empresa, o casamento que durou muito ou mesmo os filhos e as multifacetárias fases, do ventre à universidade... A única coisa que não muda é o fato de que se não estivermos receptivos às mudanças e aos novos ciclos que elas nos impõem, dificilmente extrairemos de nossa existência tudo que ela pode nos oferecer.

Quando falei sobre a relevância de identificarmos nossa missão de vida, falava de certa forma da nossa habilidade em aceitar novos desafios e, se necessário for, modificar nossas missões. Acredito, sinceramente, que uma pessoa bem-sucedida em suas escolhas não é aquela que nunca erra, mas aquela que tem coragem e é capaz de no meio do caminho, ao perceber que cometeu um erro de estratégia, voltar ao ponto de partida e com a mesma energia e alegria iniciar tudo outra vez, concentrando-se naquilo para o qual sua missão a convida. Cuidado para não se tornar uma pessoa mais ou menos. Aquela que nunca se entrega ao que faz, que faz tudo para o gasto, que tem medo de mudar, que vive apegada ao passado!

Há muitas pessoas que ficam atrás de seus medos. Que não os enfrentam. Que sufocam sua missão por receio de mudar, de dizer para o mundo à sua volta que coragem não é uma das mais belas palavras que constam no dicionário, mas que faz parte de seu dia a dia, de suas ações. Percebo claramente que discorrer sobre o assunto e mesmo focá-lo em nossos cursos e palestras é bem mais fácil que vivenciá-lo, sem dúvida. Não podemos ser irresponsáveis e chutar tudo para o alto, simplesmente porque descobrimos que estamos na estrada errada ou que deveríamos estar fazendo de modo diferente. No entanto, compreendo também, que uma das formas mais rápidas de você conseguir ser infeliz é aceitar ser menos do que pode ser, dar menos para a vida do que você poderia dar!

O medo de mudar é muito forte em alguns. O receio do novo, de trocar o caminho certo por um duvidoso, faz com que a inércia persista. Lembre-se de que a flexibilidade é que faz a água ser tão poderosa. Ela se adapta a todos os ambientes e nada a detém! Você já deve ter visto a força de um tsunami. Pois então, sem sermos flexíveis nada vai acontecer. Pare um pouco e, mais uma vez sendo honesto consigo mesmo, pergunte-se qual seu real desejo de investir em uma mudança verdadeira em sua vida que lhe proporcione se alinhar à forma de viver que tanto almeja! Quanto você está disposto a investir de si mesmo nesse processo? Do que está disposto a abrir mão? Quais crenças e comportamentos terão que ser trabalhados?

Não tema o desconhecido ou jamais viverá a sua missão. Quando Abraham Maslow mostrou ao mundo sua conhecida pirâmide das necessidades, ele colocou a missão como o topo da pirâmide por afirmar que poucos têm coragem e foco para enxergar e pagar o preço para viver suas missões. Dizia que a maior parte das pessoas vai viver uma vida baseada em proteger suas necessidades primárias, com receio de perdê-las, mesmo que não sejam realmente felizes. Em outras palavras: essas pessoas viverão com medo de ir à busca de algo maior. Elas aceitam viver uma vida de forma mais ou menos em troca da sensação de segurança, mesmo que essa sensação seja ilusória. Jamais explorarão seus 30% a mais de capacidade ou desfrutarão a condição de atores principais na interação com a Matriz da Vida.

Mas o que é essa Matriz? Matriz da Vida, Matriz Divina, Campo de Infinitas Possibilidades ou Campo Quântico de Infinitas Possibilidades são os nomes dados por alguns cientistas que investigam a relação de interação que há entre todo o universo. Em sua maior parte são físicos que desde o início do século XX vêm, através de inúmeros experimentos, procurado demonstrar uma interação poderosa entre nossos pensamentos e uma espécie de substância que permeia todo o universo. A essa substância dão o nome de Matriz ou Campo. Se for para sermos mais honestos com a história da ciência, vamos encontrar entre os gregos antigos a teoria do grande Éter Cósmico, um pensamento similar. O mesmo encontramos no final do século XIX, quando Alan Kardec, cientista francês, codificador da doutrina espírita, apresentou o conceito de Fluido Cósmico Universal.

Como podem ver, essa ideia de que estamos todos interagindo dentro de um grande Campo em que nossos pensamentos criam realidades não é um postulado novo. Muito pelo contrário. À medida que o tempo passa, mais pessoas sérias e estudiosas endossam essa tese, procurando demonstrar que o que pensamos e sentimos está diretamente interferindo na Matriz, atraindo para nós situações e pessoas que irão de alguma maneira concretizar o fruto de nossos pensamentos mais profundos e sentimentos mais intensos. No decorrer dessa obra, tocarei algumas vezes nesse assunto, trazendo mais fundamentos e referências bibliográficas a respeito.

E você, o que quer para sua vida? Qual história deseja escrever nas linhas de sua existência? Há uma linha tênue entre a realização e a mediocridade. E, na teoria sistêmica da Matriz Divina, o que quer que sustentemos por tempo suficiente para sensibilizá-la há de trazer algum tipo de retorno para nossa realidade de alguma maneira. Sei que é uma afirmação forte, mas é verdade. E você precisa se posicionar sobre o que deseja da vida, pois tenha certeza de que a vida sempre lhe trará mais do que você dá e pede a ela, ainda que seja de forma totalmente inconsciente.

Não deixe seu medo de mudar ou a falta de flexibilidade impedir você de ser quem deseja e de despertar sua luz interior, estimulando outros a fazer o mesmo. Nossa mediocridade, como nos lembra a Dra. Helen Shulman em seu livro *Um Curso em Milagres*, nada serve à humanidade. Mas quando decidimos aceitar quem realmente somos e vivemos de forma congruente com essa consciência, damos a quem nos rodeia um estímulo maravilhoso para que também faça o mesmo.

Outra forma de pensar nesse ponto é: quando somos felizes, nossa felicidade não apenas nos beneficia, mas toda a humanidade de alguma maneira. Lembra-se do relógio? Somos todos partes integrantes de um todo maior, um grande sistema chamado Vida. E quando nos acomodamos em viver de maneira miserável emocionalmente, privando-nos de conhecer e abençoar nossos dias com a plenitude de nosso propósito maior, simplesmente nos apagamos, como uma lamparina que vai perdendo sua luz. E, dessa forma, quem nos rodeia, quem nos conhece, quem realmente gosta de nós, também é influenciado com essa postura.

Definitivamente, buscar nosso bem-estar de maneira equilibrada é uma maneira poderosa de contribuir para um mundo melhor. Quando nos encontramos em nossa caminhada, nos enchemos de força, vitalidade e um otimismo contagiante. É como se um elixir de prazer de viver fosse tomado em todos os instantes, tanto por nós como por quem sofre nossa influência. Portanto, ao se acomodar, pense que você não apenas se prejudica, mas de maneira sistêmica prejudica toda a humanidade.

Por isso, insisto: vá à busca de sua missão. Descubra seu propósito. Sinta como se já o estivesse vivendo. E, principalmente, ajude outras pessoas a fazer o mesmo. O poder dessa postura de generosidade conosco e com o mundo nos trará resultados maravilhosos, muito mais amplos e duradouros que a postura de nos apequenarmos perante nossa verdadeira potencialidade.

Interaja com a Matriz da Vida deixando claro em seu interior o firme desejo de ser feliz, mesmo quando enfrentar os maiores obstáculos. Não importa se somos privados de prazer e da segurança almejada. Procure romper a visão restrita da realidade limitante e vislumbrar aonde realmente você deseja chegar.

Quando o Dr. Frankl estava no campo de concentração, o pensamento que o manteve vivo superando temperaturas de 15 graus negativos, a falta de comida, de notícia de seus familiares e a presença constante da morte era o firme desejo de sair dali e contar ao mundo a importância de seguirmos nossas missões. Sua missão era permanecer vivo, pois ele tinha que contar ao mundo que é possível, mesmo em situações extremas, rir de si mesmo, encontrando forças onde menos se imagina para chegar aonde menos se supõe que seja possível chegar! Sua postura de encontrar e viver sua missão, mesmo nessas condições, deu-lhe forças e estimulou muitos colegas que viam seu exemplo. Sua postura beneficiou não apenas ele, mas através do tempo, me influenciou a escrever sobre sua vida, décadas depois, e agora influencia você. Percebe o efeito cascata desencadeado pelo poder da missão? Então volto a lhe perguntar: você acha justo viver de maneira medíocre, com medo de mudar, de ser mais flexível para abrir mão de velhas posturas desarmonizadas com a vida que deseja ter? Você deseja ser uma peça atuante ou problemática no relógio da existência? E então, qual é sua escolha de hoje em diante?

EXERCÍCIO:

Escreva pelo tempo que for necessário a resposta à seguinte pergunta: Como seria sua vida se você já estivesse vivendo sua missão? Como você estaria pensando, falando e agindo? Escreva em detalhes tudo que vier à sua mente e principalmente ao seu coração. Comece a ser íntimo dessas sensações que farão parte de sua vida a partir de agora!

FLEXIBILIDADE DA MISSÃO

Agora que você já está mais consciente do que deseja, provavelmente deve estar se sentido melhor, mais energizado(a) e esperançoso(a). Se isso não tiver acontecido, é porque você não fez da maneira adequada o que lhe propus. Portanto, sugiro que antes de seguir, volte e faça sua parte. Permita-se. Não deixe a ansiedade de terminar uma leitura lhe impedir de dar os paços adequados para você desfrutar resultados poderosos!

Mas para aqueles que já se sentem repletos de entusiasmo com o que a consciência de nossa missão nos proporciona, por vezes acaba surgindo uma dúvida que tem toda razão de ser. Será que essa sensação é durável? Será que o que hoje faz sentido para mim terá de fazer sentido daqui a cinco anos? Vou conseguir manter meu nível de comprometimento com meus objetivos?

Imagine um cachorrinho muito amado por sua família humana. Quando filhote, ele é bastante agitado, bagunceiro e, às vezes, dá um grande trabalho. À medida que o tempo passa, ele envelhece, vai mudando alguns hábitos, vai se adaptando a cada nova fase de sua vida até que chega o momento, pela lei que move sua natureza, de se despedir desse mundo. Dou esse exemplo, pois quando pensamos em nossa missão, temos aqui uma boa analogia.

O que faz sentido em uma época de nossas vidas não necessariamente tem de fazer sentido em outro momento. E precisamos estar atentos a isso e respeitar nossos ciclos existenciais. Posso ter vivido em uma cidade por um período e ter feito muito sentido morar lá em determinado local por 10 anos, mas talvez, devido ao atual momento que passo, o que faz mais sentido é que eu me mude para outra cidade e para uma casa totalmente diferente. E qual é o problema se eu fechar um ciclo e abrir um novo? Outro exemplo. Alguém pode ter vivido viajando por anos em seu trabalho e agora tem mais sentido essa pessoa viajar menos e curtir sua família. Ou talvez essa mesma pessoa tenha tido uma profissão por 13 anos e agora sua alma pede que ela mude de área, que viva algo novo, que se permita uma experiência nova...

Seja qual for o caso, sabemos que não é simples fecharmos um ciclo para abrir outro. É sempre mais fácil continuar como estamos, perpetuando o que já conhecemos. Pode até ser mais fácil, mas o preço costuma ser alto. Quando negligenciamos esse chamado de nosso Eu Superior para vivermos novas experiências, seja pelo receio de trocar o certo pelo duvidoso, seja por apego ao papel que vínhamos desempenhando até então, nossa vitalidade começa a sofrer quedas. Vamos perdendo motivação e ficando sem energia. É uma forma de nossa sabedoria interna nos chamar a atenção e nos dizer que está na hora de flexibilizar nossas escolhas e se permitir fazer um ajuste na rota.

Pessoas mais livres interiormente de apegos têm maior propensão a aceitar essas mudanças e a reagir a elas com mais rapidez. Outros, um pouco mais inseguros ou apegados ao que é conhecido, tendem a procrastinar, mesmo sentindo-se mal ao continuar vivendo com vivem. É um processo! Cada um vai agir de acordo com sua maturidade existencial. Cada um vai ouvir mais ou menos rapidamente sua voz interior e ajustar o rumo que está dando à sua vida.

Mas uma coisa é certa: apenas quando compreendemos e aceitamos que cada fase de nossa vida é única, e que essas fases mudam, é que começamos a nos adaptar mais rapidamente a elas, sem tanto medo, sem tanto apego ao ciclo que está se fechando. É comum dizermos que morremos várias vezes na mesma existência, como sinônimo das constantes mudanças que experimentamos.

Não seja inflexível com sua missão. Uma pessoa pode ter o propósito de sempre ajudar pessoas em sua vida. Durante 40 anos ela deu aulas e viveu sua missão. Agora ela se aposenta e não quer dar mais aulas, mas deseja continuar a ajudar pessoas. Sem problema. Ela pode escrever livros, talvez dar pequenas palestras ou mesmo orientar mais individualmente parentes e amigos em sua caminhada. A essência de seu propósito não vai mudar, apenas sofrerá um pequeno ajuste!

Estar atento a esse ajuste é muito importante para nos mantermos conectados com as diversas fases que vamos experimentar em nossa trajetória!

03

Aprendendo a Desaprender

> Nada é permanente no mundo,
> exceto sua constante transformação.
>
> *HERÁCLITO*

O PRÓXIMO CAPÍTULO TEM COMO FOCO refletir a respeito de bons e maus hábitos que carregamos conosco. Somos influenciados pelas crenças que temos a respeito da vida, por quem nos rodeia e por nossa própria capacidade de explorar ou não os potenciais que trazemos. Muitas vezes, prendemo-nos aos grilhões da dúvida com atitudes que nos amarram ao passado, impedindo-nos de ir em direção ao futuro. Chega um momento em que precisamos rever o que aprendemos, rever até que ponto nossas velhas verdades ainda fazem sentido. E, por vezes, descobrimos que nossa maior aprendizagem é aprendermos como desaprender...

Aprendendo a Desaprender

JÁ FAZ ALGUM TEMPO QUE NÃO VOU AO CIRCO, mas recordo-me com detalhes do animal que mais me chamava a atenção nas apresentações circenses, devido à grande semelhança entre ele e alguns comportamentos humanos. Estou referindo-me ao elefante. Você por acaso já parou para pensar em como o elefante é ensinado a fazer os malabarismos que faz, ou em como ele fica preso a uma corda relativamente desproporcional às suas 4,5 toneladas? Por que será que ele não tenta fugir? Afinal, com toda sua força seria difícil segurá-lo.

A resposta é simples e profunda, mas muito interessante para nossas reflexões. Normalmente, nos circos o elefante é capturado ainda filhote, quando não tem muitos condicionamentos nem muita força. Então, é amarrada em sua perna uma corda que o impede de fugir. Como é filhote, a corda acaba sendo forte o suficiente para segurá-lo. É claro que ele tenta inúmeras vezes se libertar até seu cérebro concluir por um simples condicionamento que não adianta mais tentar fugir, pois ele não vai conseguir arrebentar a corda. Dessa forma, ele cresce e, apesar de agora ter muito mais força e tamanho, o velho aprendizado de que não adianta tentar fugir o impede de forçar o rompimento da corda que o prende. Ou seja: o elefante aprendeu pelo condicionamento que é mais fraco do que realmente é.

É justamente isso que vem acontecendo com muitas pessoas! Quantas vezes em sua caminhada você não se sentiu impotente em alguma situação? Tentou inúmeras vezes conseguir obter um determinado resultado, de várias formas, até começar a acreditar que não era mais preciso tentar porque era inútil? Essa pergunta vale para todas as áreas de sua vida: afetiva, profissional, pessoal, saúde etc. Normalmente, depois de passarmos por uma experiência frustrante, temos a tendência de criarmos um referencial negativo sobre nossa capacidade de mudar, que será acionado todas as vezes que um fato semelhante acontecer, remetendo-nos à lembrança das vezes no passado em que tentamos algo semelhante e não conseguimos.

Então, dizemos a nós mesmo que não adianta mais tentar, que não dará certo, e sequer iniciamos uma nova tentativa. É o efeito "elefante" fazendo sentido em seu dia a dia. Cuidado, pois a síndrome do elefante amarrado – SEA – tem atacado como uma verdadeira epidemia por todos os lados. Este é um autêntico caso de aprendizagem que, deu certo de tal modo, precisa ser desaprendido. É hora de desaprendermos muitas coisas, de quebramos muitos condicionamentos. Quem vive de passado é museu, e apesar de termos cristalizações comportamentais que foram sendo construídas no decorrer de muitos anos, nada impede que comecemos a fazer uma pequena reforma em nossas crenças e comportamentos a partir de agora!

Quem deseja encontrar e abraçar sua missão, não pode fechar os olhos para essa questão. É necessário quebrar vínculos com velhas formas de pensar, sentir e agir se desejamos dar um passo além de aonde já fomos.

Essa tendência de cultivar a síndrome do elefante amarrado – SEA – é comum em pessoas que não reciclam seus pensamentos e que se tornam escravas de suas experiências. É claro que o que ocorreu conosco é relevante, mas daí a se condenar a viver recluso em limitações que ocorreram no passado é outra história. Conheço casos de pessoas que tiveram dificuldades afetivas, com problemas de traição ou tendo se dedicado demais a relacionamentos frustrantes, e começaram a sustentar dentro de si mesmas que nunca seriam felizes no amor! "Ser feliz no amor não é para mim", afirmam. Ficaram condicionadas às suas experiências negativas. Aprenderam algo que necessita ser desaprendido.

A mesma situação acontece com quem teve constantes frustrações profissionais. Muitos afirmam que o sucesso na carreira e no financeiro não é para eles, pois "...já tentaram de tudo..." e nada funcionou. Falam que amor é para os outros, nunca para si mesmos. Percebe a presença de fortes crenças limitadoras baseadas na velha aprendizagem? O tempo todo contam a história de seus fracassos anteriores para si mesmos, reforçando a ideia de que não conseguirão outro resultado. E, claro, enquanto tiverem essa aprendizagem em vigor, realmente não conseguirão, pois sequer tentarão algo novo, com uma postura nova.

É preciso que tomemos cuidado com as histórias que contamos para nós mesmos. Sem nos darmos conta, por vezes ficamos contando as mesmas histórias para nós mesmos sobre velhos acontecimentos. É como um disco arranhado que se repete. Imagine alguém que tenha vivido momentos difíceis, mas que não tenha se libertado deles. Todos os dias, ou pelo menos quase todos os dias, fica repensando e remoendo a mesma história incontáveis vezes, sempre preso a um tempo que não existe mais. Percebe o perigo?

Lembre-se de que tendemos a reforçar em nossos dias as crenças que alimentamos em nosso interior. Quem tem a mente inconsciente repleta de informações negativas sobre sua própria capacidade ou merecimento para alcançar o que deseja sequer tenta novos caminhos, mesmo que "os ventos estejam a favor!". É a síndrome do elefante amarrado (SEA) atando novamente.

Quando falamos que a mudança ocorre de dentro para fora é exatamente a essa situação que me refiro. Quem vive em um ambiente mental de frustração ou pessimismo vai agir assim em seu dia a dia, ainda que não perceba e, provavelmente, atrairá pessoas e acontecimentos que vibrem na mesma sintonia. Quem não reaprende a pensar, sentir e agir de acordo com a vida que deseja ter, não consegue implementar em seus dias o que deseja. Tudo começa em nossa mente e ganha grande contornos com nossos sentimentos. Aqui é o início de toda grande e profunda realização.

Recentemente, tive a enorme alegria de ver uma pessoa querida retomar aos estudos após mais de 35 de anos parado. O brilho nos seus olhos, no ato de aprender pequenas coisas cheias de significado para seu novo estado mental, foi algo extraordinário! O prazer de compreender o que é uma metáfora ou metonímia, nas aulas de português, além de outros importantes passos, justificou todo o esforço feito para quebrar as amarras do passado e da crença que se é muito velho para iniciar algo novo ou que não "dá conta, porque é difícil... ". É alguém que tem coragem suficiente para enfrentar a SEA e tentar mudar.

E você, quais cordas precisa romper? Que ideias ou comportamentos que precisam ser renovados para que o círculo de sua vida caminhe, normalmente, rumo às suas realizações? Que crenças você precisa desaprender para começar a viver sua missão?

O Dr. John Wheeler, físico quântico da Universidade de Princeton, enunciou o princípio de um universo em que todos participamos ativamente da construção das realidades que conhecemos. Segundo ele, quando pensamos algo de forma muito forte, enviamos uma mensagem através de nossos sentimentos para uma espécie de Matriz da Vida que decodifica a mensagem enviada por nosso padrão vibratório e envia mais do mesmo que enviamos.

Outro importante físico do século XXI, mundialmente reconhecido por sua extraordinária colaboração nas pesquisas sobre as provas que os pensamos e crenças humanas criam realidades, foi David Bohm. Antes de sua morte, em 1992, ele deixou duas importantes visões sobre nosso papel interativo com o universo, comparando pelas observações feitas no mundo microatômico. A base de seu trabalho era sustentada pela tese de que o universo é um todo único e unificado em que todas as formas de energia estão intimamente conectadas. E que qualquer elemento desse sistema chamado de holográfico (holografia é quando a parte de algo maior tem em si a mesma estrutura do todo ao qual está ligado. Ex.: a partícula de DNA. Podemos escolher uma célula qualquer do nosso corpo, e ela holograficamente terá a mesma sequência que qualquer outra parte) interage com o todo.

Em outras palavras: nossas crenças poderosas ou limitantes enviam mensagem por essa Matriz da Vida semelhante às ondas de rádio e tv que caminham através do ar, interagindo com toda a humanidade. Da mesma forma, recebemos essa influência de todos os demais seres, pois estão ligados à mesma Matriz. Portanto, quando nos iluminamos de alguma maneira, todos os demais seres da humanidade se iluminam também, e quando nos apequenamos, todos os demais sofrem a influência dessa postura.

Como se trata de uma abordagem complexa e com implicações profundamente científicas, que não é o objetivo central desta obra, sugiro ao final do livro uma extensa lista bibliográfica para você se deliciar lendo as inúmeras pesquisas realizadas nas últimas décadas, comprovando nosso papel criador na realidade da qual fazemos parte. Portanto, cuidado com o que pensa, pois você corre um grande risco de atrair mais dessa mesma energia!

Vamos lá: pegue o papel, como aquele no qual você escreveu no capítulo 2 sobre sua missão. Após ler novamente o que fluiu de sua alma, liste todos os pensamentos ou crenças negativas que porventura haja e que lhe impedem de viver sua missão, a partir de agora. Liste possíveis acontecimentos dolorosos do passado ou velhos sentimentos que estão por longo tempo presos a você, impedindo-lhe de arriscar novos voos. Seja honesto e pergunte a si mesmo: Quais atitudes podem e devem ser tomadas imediatamente para construir uma nova realidade? Pense, anote, reflita.

Para rompermos com as "cordas do passado", precisamos aprender a desaprender muitas coisas. É sua vida e sua capacidade de viver superando desafios que estão em jogo. Desaprenda o que não lhe serve mais e abra espaço para aprender o que pode conduzi-lo(a) em direção à concretização de seus ideais, caso contrário, você nunca se sentirá livre de verdade!

Liberdade, dentre tantas definições, também pode ser entendida como a ampla possibilidade de escolhermos o que se desejamos aprender e o que desejamos desaprender. Uma pessoa não pode ser considerada livre se for prisioneira de velhas histórias que sempre conta para si mesma, ainda mais se essas histórias estiverem repletas de expressões do tipo: "...não vou conseguir, porque..., estou dessa maneira, porque..., a minha situação é realmente difícil, porque..., nunca vou conseguir o que quero, porque..., o meu caso é realmente complicado, porque...., pau que nasce torto, morre torto, porque...". Repetimos tanto para nós mesmos que não podemos ou não merecemos alguma coisa que começamos a acreditar! É o mesmo princípio que fez o elefante parar de tentar se libertar das amarras.

Pense bem: é isso que você quer?

EXERCÍCIO:

O que você gostaria de desaprender? Se pudesse voltar no tempo, o que trataria de aprender no lugar do que atualmente lhe acompanha? Quais crenças lhe trarão confiança para fortalecer o caminho de sua missão? Faça uma lista de todas essas crenças e comece, imediatamente, a investir nelas. Lembre-se de que o universo é participativo e que reflete todas as mensagens que repetidamente enviamos até ele. Deixe sua mudança vir de dentro para fora...

04

Transforme seus Conflitos em um Crescimento Existencial!

> Somos o que repetidamente fazemos. A excelência, portanto, não é um feito, mas um hábito.
>
> *ARISTÓTELES*

QUEM NÃO TEM CONFLITOS? Quem nunca teve dúvidas se estava ou não no caminho certo, se fez ou não a coisa certa ou se disse ou não as palavras mais adequadas? Quem nunca teve um conflito existencial, uma sensação de ter passado dos limites ou mesmo de estar vivendo muito abaixo dos próprios limites? Apesar de se imaginar o conflito como sendo algo ruim, muita gente vem compreendendo a dimensão saudável a que um "bom conflito" pode nos conduzir. Quando o assunto gira em torno de desafios na carreira, o tema é ainda mais sério. Vamos conversar a esse respeito!

Transforme Seus Conflitos em Presentes para Sua Vida!

CONTA-SE NA TRADIÇÃO ORIENTAL QUE UM MONGE e seus discípulos caminhavam por uma estrada e que quando passavam por uma ponte, viram um escorpião sendo arrastado pelas águas. O monge correu pela margem do rio, meteu-se na água e tomou o bichinho na mão. Quando o trazia para fora, o bichinho o picou e, devido à dor, o homem deixou-o cair novamente no rio. Foi então à margem, tomou um ramo de árvore, adiantou-se outra vez a correr pela margem, entrou no rio, colheu o escorpião e o salvou. O monge voltou e juntou-se aos discípulos na estrada. Eles haviam assistido à cena e o receberam perplexos e penalizados. "Mestre, deve estar doendo muito! Por que foi salvar esse bicho ruim e venenoso? Que se afogasse! Seria um a menos! Veja como ele respondeu à sua ajuda! Picou a mão que o salvara! Não merecia sua compaixão!". O monge ouviu tranquilamente os comentários e respondeu: "Ele agiu conforme sua natureza e eu, de acordo com a minha...".

Mesmo sem perceber, cada um de nós tem sua própria natureza e age conforme sua influência. Inconscientemente, todos tomamos atitudes que nos direcionam rumo ao nosso conceito pessoal de felicidade. Dessa forma, todas as escolhas que adotamos profissionalmente tendem a nos levar a encontrar a plenitude, mesmo que precisemos encontrar muitas pedras no meio do caminho. Felicidade é um estado de espírito que necessita ser alimentado. Ser feliz não pode ser visto como um efeito casual de nossa caminhada.

Ser feliz em cada passo que damos é uma meta a ser alcançada, onde quer que estejamos. E para alcançarmos esse grande objetivo, muitas vezes precisamos correr riscos, abrir mão de algumas coisas e seguir nossa natureza, nossa voz interior, fazendo aquilo que mais se alinha com o que faz sentido, mesmo que isso signifique ter de lidar com alguns conflitos que existem a nosso redor!

Gosto da visão do Zen sobre a felicidade. A tradição Zen nos ensina que felicidade é a plena conexão com o presente. Quando estamos totalmente preenchidos do momento presente e encontramos o fluxo da vida na magia de cada instante, enchemo-nos de uma forte sensação de bem-estar, plenitude e conexão. Mas como habitualmente nossa mente barulhenta nos impede de sentir essa conexão, criamos a ilusão de que a felicidade é uma meta que pode ser conquistada como um objetivo material comum. Isso não é verdade! Você pode ter dinheiro e comprar um diamante, conseguir ter o corpo que deseja, morar no lugar que deseja e até mesmo se curar de uma doença grave ou casar com a pessoa que deseja. Mas felicidade somente é sentida quando há aquela sensação de que há um profundo significado nas experiências que estamos vivendo, independentemente de elas nos darem prazer ou não.

Mahatma Ghandi dizia que a felicidade não está na conquista, mas na trajetória que nos conduz a ela, na percepção de como crescemos como seres humanos à medida que buscamos nossos objetivos. E para você, o que é felicidade?

Uma pessoa que não se sente feliz, mas sempre está em busca da felicidade, é semelhante ao cachorro correndo atrás do próprio rabo. Vai dar muitas voltas e não chegará a lugar algum. Quando nos acostumamos a viver uma vida da qual não gostamos e, por tal, experimentamos uma tristeza que nos acompanha por muito tempo, começamos a perder nossa energia vital. A alegria que deveria abastecer nossa "caixa d'água existencial" com motivação deixa de existir. É quando as pessoas definham, vivem burocraticamente até deixarem de tentar melhorar, pois acham que isso nunca vai acontecer. Isso tem a ver com a lei da concentração da energia.

Essa lei é simples. Tudo em que colocamos nosso foco, nossa energia tende a se desenvolver, independentemente de sua natureza. Se você se dedica a estudar idiomas, mesmo que tenha dificuldades de aprendizagem, cedo ou tarde chegará ao seu objetivo. Pode levar algum tempo, mas se conseguir manter-se disciplinado nesse alvo, alcançará progressos, indiscutivelmente. E assim é em qualquer área!

Se você se acha uma pessoa nervosa, insegura e ansiosa e decide que vai mudar e, a partir daí, procura ajuda de várias formas, com toda certeza vai conseguir caminhar em direção ao que deseja. E assim acontece com qualquer objetivo que tracemos em nossa caminhada.

O problema a meu ver está nesse ponto. Muitas vezes, até sabemos o que queremos, mas manter o foco nesse objetivo, vencendo obstáculos, aprendendo com os erros, adequando a estratégia até alcançá-lo é que é nosso maior desafio. Infelizmente, muitas vezes não conseguimos manter essa determinação. É muito comum desejarmos algo e na primeira ou segunda dificuldade enfrentada abandonarmos o barco. E quem vive dessa maneira, fortalece em si a crença de que nunca consegue nada na vida ou que tudo é muito difícil de se obter. Cria e alimenta essa crença projetando na vida a falta de foco que não consegue ter.

Portanto, se deseja conseguir algo, é necessário fortalecer seu foco, concentrar suas energias, alinhar suas crenças, sua maneira de pensar, falar e agir para que cada passo seu seja congruente com a meta que deseja alcançar. Quem age assim, com esse nível de maturidade existencial, não se perde em meio aos redemoinhos, tão comuns em nossos dias.

Trabalhei com atletas profissionais de futebol por vários anos com o *Coaching* Esportivo. Foram mais de cinco anos ajudando pessoas a encontrar o pleno equilíbrio mental e pessoal para que seu rendimento aumentasse dentro de campo e trouxesse para elas e seus clubes retorno financeiro. Aprendi muito com essa experiência. Convivi com os maiores treinadores do país, vi a seleção brasileira ser pentacampeã mundial com pessoas com as quais tive a oportunidade de trabalhar, mas vi também muitos jogadores não conseguirem êxito em suas carreiras.

O que mais aprendi com essa experiência? Simples: os atletas mais bem-sucedidos são os mais alinhados. Nem sempre talento é o suficiente para despontar no esporte. Nem sempre apenas ter bom equilíbrio emocional também basta. É preciso o equilíbrio. Ter talento, técnica, ótimo preparo físico e um ótima maneira de gerenciar suas emoções, principalmente em momentos de grande tensão.

Os jogadores que tiveram sucesso, e os quais tive a oportunidade de acompanhar, eram atletas focados, que sabiam o que desejavam e não deixavam contusões, más atuações ou problemas extra campo atrapalhar sua *performance*. Aqueles mais desfocados eram tirados rapidamente de seu eixo vitorioso ao sinal do primeiro vento forte. Foco é algo muito importante. Ter foco no que desejamos e viver focadamente, mantendo um estado espírito correspondente, é essencial para termos uma vida com significado e nos sentirmos mais felizes. Assim concentramos nossa energia ao invés de dissipá-la.

Lembro-me de um grande artilheiro, destaque em campeonatos brasileiros, que me disse que mesmo que ele tivesse feito 99 gols de pênaltis, isto não garantiria que ele faria o próximo gol. Se não mantivesse sua energia voltada para o momento presente, perdendo-se nos momentos do passado ou na incerteza do futuro, certamente perderia o pênalti atual no presente. Um simples exemplo, mas oferece um farto material para refletirmos!

Para deixar mais clara essa lei, vamos a mais um poderoso exemplo. Imagine uma pessoa que tenha o hábito de ser pessimista. Sempre vê o lado negativo de tudo, pensa sempre de maneira negativa, gosta de se queixar continuamente, coloca-se na defensiva em seus relacionamentos e sempre justifica sua postura dizendo que vive com os pés no chão, que age dessa maneira porque tem seus motivos. Ou seja, essa pessoa fez uma escolha: a escolha de ser pessimista e consequentemente infeliz! Ainda que não tenha consciência disso ao insistir em nutrir esse comportamento, naturalmente sempre vai bloquear sua mente para focar na solução dos problemas, mantendo sua mira no que não funciona. Provavelmente, nunca sairá do lugar e ficará perambulando pela vida, sempre reclamando de que nada funciona e que tudo é complicado. De tanto colocar energia em ser pessimista, essa pessoa se tornou uma especialista nessa arte. Porém, o inverso é verdadeiro! Quem, apesar das dificuldades que enfrenta, escolhe ser otimista, aprender com a vida em qualquer circunstância, segue com uma mente aberta, especializando-se em pensar, falar, sentir e agir alinhado com os objetivos que almeja. Por isso, tome muito cuidado em onde você está colocando seu foco, sua energia!

O Foco e o Trabalho

Quando pensamos nesse assunto na vida profissional é a mesma coisa. Por incrível que pareça, a energia utilizada para ganhar R$ 1.000,00 é proporcionalmente a mesma utilizada para ganhar R$100.000,00. Pense bem: independentemente de quanto dinheiro conseguimos por mês, sempre o mês terá 30 ou 31 dias. Nunca passará disso. O tempo é igual para quem ganha pouco e para quem ganha muito. Uma pessoa que ganhe um salario mínimo e se acomode com essa situação, fortalecendo crenças de que será muito complicado conseguir uma posição melhor na vida, vai agir de maneira a concretizar sua crença. Provavelmente, não terá muito ânimo para aprender uma nova função, para progredir, pois sua orientação interior é de que vai fracassar.

Já outra pessoa que também ganhe salário mínimo, mas que sonhe grande, se alimentar seu sonho, vai ter energia suficiente para se arriscar mais, investindo seu tempo e sua energia em projetos potencialmente mais rentáveis. Pode ser que o resultado demore a vir, mas certamente ele aparece para muitos casos assim. E a prova é a estatística. No livro *O Milionário Mora ao Lado*, dos autores americanos Thomas Stanley e Willian Danko, eles mostram que do grande grupo de milionários pesquisados para se saber como se originou sua fortuna, aproximadamente 82,5% deles saíram do nada. Isso quer dizer que de cada 1.000 pessoas que ficam milionárias no mundo, 825 saíram de uma origem humilde, mas souberam como reverter esse quadro.

O curioso é que é bem provável que muitos de vocês que lerão esse livro não façam parte dessa estatística. Se esse for seu caso, eu lhe pergunto: por que será? Por que outras pessoas saíram do zero e chegaram a grandes resultados financeiros e profissionais e você não fez isso ainda? Que tipo de pensamentos, sensações e atitudes essas pessoas tinham que as conduziram nessa direção, ao passo que com você e muitas pessoas que você conhece isso não aconteceu?

Lembre-se: se você concentrar sua energia em ser menos do que é, em ter menos do que pode ter, por medo de se arriscar e sofrer ou de as coisas darem errado, é bem provável que esse sentimento de miséria lhe impeça de ser realmente feliz. Liberte-se o quanto antes desses conflitos se deseja seguir adiante.

Os Conflitos Podem Ser Grandes Presentes

Quando experimentamos um conflito entre os resultados que temos e os que gostaríamos de ter, é porque algo está fora do lugar. Conflitos são sinais de que necessitamos mudar algo em nossas vidas, nem que seja nossa forma de interagir com o que nos rodeia. Talvez precisemos modificar nossa forma de pensar ou mesmo a maneira de agir em determinadas situações. Mas todo conflito traz em si as sementes de sua solução. No processo de *Coaching*, dizemos que a solução de todo conflito é uma meta. E quando temos uma meta bem trabalhada, bem formulada, começamos nossa caminhada rumo ao nosso objetivo! Mas tudo nasceu do conflito. Quando sabemos interpretar o que essas situações de desconforto sinalizam para nós e, a partir daí, tiramos proveito dessa informação, mudando nossas estratégias, temos grandes chances de sermos bem-sucedidos onde antes apenas havia confusão!

Um bom exemplo do que estamos dizendo é o que ocorre com quem passa toda a vida trabalhando para os outros, esforçando-se para ser o melhor empregado possível, mas não é reconhecido como gostaria. De repente, quando a vida dá um empurrão e essa pessoa se vê desempregada, por força da circunstância, como está sem outra opção, começa a empregar toda sua criatividade e ousadia para si, se arriscando um pouco mais, e em muitas situações se descobre muito promissora em uma nova carreira, hipótese que antes jamais passaria por sua mente.

Quando passamos por conflitos que nos tiram o sono, costumamos nos perguntar: "O que devo fazer?", "Como devo agir" e "Se eu fizer essa escolha, será que vai dar certo?". Essas são perguntas comuns que fervilham na mente de quem busca uma alternativa para resolver seu conflito. A questão é que nem sempre a resposta é clara. Aliás, pelo contrário. É muito comum que a resposta não seja clara, que fiquemos em dúvida e que, às vezes, essa dúvida nos dê uma sensação de estarmos travados, sem saber o que fazer.

Voltando ao exemplo do desemprego: após muito se debater para encontrar um novo trabalho e não conseguir, até mesmo pela necessidade, talvez esse indivíduo comece a fazer coisas diferentes do que fazia antes do desemprego e sem querer descubra novas alternativas que tragam ótimos resultados. Sem o conflito original, nada disso teria acontecido. Nunca é demais lembrar que a famosa e muito bem guardada fórmula da Coca-Cola nasceu da evolução de um xarope que deu errado! Muitas vezes seu conflito é um presente para sua vida. A partir dele, muitas bênçãos podem ocorrer. Mas você precisa estar de olhos abertos para aproveitar essa possibilidade!

A conclusão é a seguinte: a energia empregada para se aborrecer com as dificuldades que enfrentamos é a mesma que em outros casos é direcionada para tirarmos proveito do que nos acontece. Onde, portanto, vamos canalizar nossa energia? Há uma história budista que conta que no século XII, em um mosteiro na Índia, reinava a paz entre os monges. Todos respeitavam e admiravam o Abade e seus ensinamentos. Somente havia um único problema: o cozinheiro chamado Atisha. Ele era mal-humorado e brigava com todos. Um dia, cansados de tanta briga, os monges se reuniram e foram até o Abade pedir para que o mandasse embora. E o Abade respondeu: "De forma alguma. Com quem vocês treinarão tudo que estão aprendendo? O mestre de vocês é ele e não eu!".

Talvez não seja exagero dizer que, em muitos momentos, nossos "Atishas" representados pelos conflitos que estamos enfrentando sejam realmente nossos grandes guias rumo a um conhecimento mais profundo de nós mesmos e de como podemos agir para aproveitar melhor nossas potencialidades adormecidas. Não ignore esses "Atishas". Em vez de se revoltar e brigar com eles, pare um pouco e se abra para a possibilidade de que a vida tenha algo a lhe dizer e ensinar com a presença constante desses aborrecimentos. E, quando aprendemos o que temos que aprender, tudo começa a fluir como se nada tivesse acontecido.

Ninguém disse que era fácil, mas certamente é bem mais difícil acharmos uma solução para o que nos incomoda se ficarmos na defensiva o tempo todo, não acha?!

O Poder da Simplicidade

Precisamos prestar atenção às pequenas coisas, que para muita gente passa despercebida. Pois assim poderemos identificar ferramentas valiosas que nos ajudarão a transpor obstáculos e vislumbrar novos horizontes. A simplicidade é uma das maiores fontes de riqueza e satisfação que podemos ter quando desaprendemos o velho conceito de que tudo que é bom tem de ser difícil. Simplicidade é o oposto da complexidade; quanto mais simples somos, mais livre nos tornamos. E quanto mais simples são nossas necessidades, maiores as chances de não termos mais problemas com elas.

Ser simples é ter poucas exigências para sentir-se feliz. É reconhecer a beleza de cada momento, pelas portas sagradas de um coração repleto de gratidão. É ficar à vontade, sem grandes exigências, onde quer que esteja. Essa postura nos coloca em contato com nossa missão. Uma das situações que mais nos impedem de identificar nosso propósito na vida é que muitas vezes imaginamos que precisamos fazer algo grande, extraordinário, que chame a atenção de muitas pessoas.

Esquecemos que quando cuidamos de nossas famílias, educamos nossos filhos de forma carinhosa, trabalhamos por um mundo melhor ao sustentar valores éticos em nossa postura cotidiana, estamos, sem nenhuma sombra de dúvida, fazendo algo significativo. Significado não tem nada a ver com tamanho, mas com a conexão criada com o que realizamos. Um rei ou imperador, embora esteja envolvido em um projeto muito grande envolvendo um país inteiro, talvez não veja nessa situação muito significado. E uma senhora, avó de dois netinhos lindos, vivendo em uma região pobre de algum lugar da humanidade, talvez sinta-se a pessoa mais sortuda do mundo em poder cuidar de seus netos amados. Não seria nenhum exagero afirmar que nesses exemplos a senhora tem uma vida muito mais rica em significado que o monarca. Lembre-se: não importa o que você faça, onde faça e com quem faça. O que realmente importa é como você faz e qual impacto que essa experiência tem em sua alma!

Quando nos libertamos de muitas ilusões que sustentamos em nosso íntimo sobre nós mesmos, passamos a nos aceitar como somos, aprendendo a nos amar com os limites que temos e passamos a nos aperfeiçoar sem nos martirizar. Superar conflitos não precisa ser uma atividade tortuosa, estressante, complicada. Pode ser algo leve. Depende de como vamos enxergar esse conflito e da dimensão que daremos a ele em nossas vidas.

Lembre-se de que precisamos dar leveza às coisas pesadas e não colocar peso nas coisas leves. Alimente sua mente e seu foco com tudo de bom que já existe em sua vida em vez de apenas prestar atenção ao que ainda falta. É sério. Esta é uma das maiores fontes causadoras de conflitos em nossa intimidade. Se seu foco estiver na falta, não importa o que você tenha ou faça, nunca nada estará bom o suficiente. Viver nesse estado mental é muito limitador.

Os Animais e a Simplicidade

Amo os animais e a natureza. Observá-los é como estar frente a frente com grandes mestres da arte de viver. Vivem de forma simples, sem maiores necessidades que as que lhe são naturais. Aproveitam cada momento como se fosse o único. Você, por exemplo, consegue imaginar duas árvores brigando entre si porque uma é maior que a outra? Ou um coelho que deseja fazer terapia, pois está complexado porque uma raposa quase o pegou mais cedo para servir de seu almoço?

Na natureza vemos a lei do menor esforço a pleno vapor. Os rios movem-se para o mar. Seguem sua natureza, levando suas águas para o oceano. Transpõem obstáculos, mas não perdem seu foco. As árvores têm seu tempo de florescer. Não adianta brigar. Elas florescerão a seu tempo. E quando chega a hora, a flor nasce para que o fruto possa nascer. Muito embora as estações do ano não sejam mais contínuas e determinadas como antigamente, ainda assim vemos o verão, o outono, o inverno e a primavera se interporem de acordo com sua vontade. Vêm e vão naturalmente.

Sempre tive muitos cachorros, desde minha infância. Não que eu não goste de gatos, cavalos ou outros bichinhos. Muito pelo contrário. Amo-os da mesma forma. Mas por várias circunstâncias, foram os cães os meus grandes amigos e professores de como viver de maneira simples e inocente. Enquanto escrevo este livro, tenho como companhia constante três cachorros lindos, engraçados e muito bagunceiros. Divirto-me muito como eles. São grandes terapeutas. Ao interagir com eles, fico vendo como são simples, se contentam com pouco e doam tanto de si mesmos. Algumas pessoas argumentam que são assim porque são animais. E não estou discutindo esse ponto. É claro que são. E é por isso mesmo que podem ser professores diferentes dos seres humanos.

Quantas vezes ao chegar de viagens, em plena madrugada, eram eles que vinham imediatamente me saudar, "conversar" comigo à sua maneira e me fazer rir quando estava cansado, com sono e, às vezes, até de mau humor. Bastava uma palhaçada, uma lambida, um carinho e eu me derretia completamente. Saía do contato com minha mente agitada e turbulenta para me conectar com a simplicidade de brincar com o cachorrinho, sem maiores pretensões. Realmente são mestres que me ensinam a paciência, o amor incondicional e a generosidade. Além da espontaneidade e da simplicidade para viver bem!

E você, gosta de animais e plantas? Se não gosta, tenha certeza de que esse sentimento de animosidade é um claro sinal de que algo dentro do seu Ser mais profundo não está bem. Você pode até não querer admitir, mas os animais e as plantas são verdadeiros espelhos. Eles apenas refletem quem somos quando estamos com eles. Eles nos mostram muitas coisas e algumas delas nos incomodam.

Lembro-me de uma situação de um senhor, amigo de muitos anos, que dizia que não gostava de animais. Um dia, conversando mais intimamente com ele, compreendi o porquê. Os animais eram muito espontâneos e ele muito travado. Não gostava de externar seus sentimentos e os animais, segundo ele, em sua forma de ver, o "constrangiam" a fazer isso, pois eram tão espontâneos que ele ficava sem jeito. Como não queria explicar isso para sua família e seus filhos que sempre perguntavam por que ele não gostava dos animais, simplesmente dizia que eles davam muito trabalho...

O mesmo se dá com as plantas, com a natureza de forma geral. Estar de frente a um lindo rio com margens enormes ou sentindo o cheiro do mar a seus pés com o barulhinho de suas ondas é um grande convite à introspecção e ao relaxamento. Muitas pessoas dizem que somente recarregam suas baterias quando tomam banho de mar ou de rio ou apenas quando brincam com seus animais. Mas no fundo, o oceano, os rios, as plantas e os animais são apenas espelhos que nos ajudarão a ver melhor o reflexo de nós mesmos! Eles são espelhos simples, muito simples. Nada mais simples!

Aproveite essa oportunidade. Enquanto descobre sua missão e se habitua a respirá-la em seu dia a dia, permita-se o contato com os animais e com a natureza de alma aberta. Conecte-se com a divindade em cada reino da criação. Encontre Deus em cada momento e compreenderá o conceito de felicidade.

Você pode ter tido um aumento de salário. Você pode ter sido promovido ou, em alguns casos, aberto um negócio e ter ganhado muito dinheiro. Você pode ter encontrado o amor de sua vida e ter uma família linda. Mas se você estiver fechado para a possibilidade de aprender a ser feliz em cada passo de sua caminhada, se você estiver fechado para a ideia de tornar sua vida o mais simples possível e se você se fechar à possibilidade de agradecer por tudo que você já tem para apenas ver o que ainda não tem, com toda certeza seus conflitos somente aumentarão, não importa o quão bem-sucedido você seja no que faça. Acredite: não há sucesso maior que aprender a ser livre de nossos próprios medos, de nossas velhas crenças limitadoras e passarmos a viver em nosso propósito maior, ajudando outras pessoas a fazer o mesmo.

E que bom que temos os animais e a natureza para nos ajudar a fazer essa mudança de dentro para fora!

DIFICULDADES X BOM SENSO

Há quem diga que a vida é dura, pesada em vários sentidos. Essas pessoas levam a vida a serio demais, a ponto de serem inflexíveis com alguns conceitos.

Levar a vida a sério não implica em martirizar-se, mas agir de modo responsável frente às oportunidades que a vida nos apresenta. Aproveitá-las, eu diria, em toda sua intensidade, despertando valores até então adormecidos. Por vezes, o que nos angustia não é uma dificuldade em si, mas o nível de expectativa e exigência inconsciente que impomos sobre nós mesmos. Tenha calma. Tudo tem seu tempo. E muitas vezes, em vez de usarmos o tempo a nosso favor, usamos contra nós. Definitivamente, não compensa agir assim, pois apenas aumenta nossos conflitos.

Para ilustrar, vou lhes contar uma experiência pessoal: havia mais ou menos um mês que estava em um ritmo alucinante de trabalho, atividades voluntárias e cuidados com minha família. Sem perceber, acabei caindo em um grave erro: o de achar que parar para dar uma refrescada na mente era perda de tempo. Não que eu achasse realmente isso, mas o automatismo em que me encontrava era tão forte, que já não conseguia mais parar. Era um ritmo muito forte. Dormia mal, estava irritado e ainda assim não fazia nada para melhorar esse quadro. Foi quando a vida me deu uma "mãozinha"...

Eu tinha uma reunião de *Coaching* com um cliente importante. Eu já tinha me planejado para encontrá-lo. Era terça-feira, por volta de 12h, e ele me ligou, em cima da hora, para dizer que teria de desmarcar, pois não poderia se encontrar comigo. Tudo bem, já estava no estacionamento e fiquei dentro do carro pensando no que ia fazer. Naturalmente, a primeira coisa que me veio à mente foi adiantar outras atividades que teria de fazer mais tarde, mas por um breve instante entrei em um dilema: voltar para o escritório e ser "mais produtivo", aproveitando aquele tempo livre e inesperado, ou fazer algo novo que não fazia há algum tempo e que estava precisando? Optei por inovar: liguei o carro e fui em direção ao Parque das Mangabeiras, um dos locais de Belo Horizonte que mais admiro. É um local que abriga todos os atrativos dos belos parques. Tornou-se meu refúgio. É um lugar que fica bem no alto da cidade, para quem não conhece (e, curiosamente, há muitos belo-horizontinos que não conhecem).

O clima é mais frio, o que muito me agrada, e é repleto de árvores e passarinhos. É possível ter uma vista panorâmica da cidade. Permaneci ali por todo o tempo que corresponderia ao *Coaching* com o cliente e desfrutei uma experiência gratificante. Foi um momento em que o silêncio me dominou e, ao som da brisa suave que vinha à minha direção, fui conduzindo a ponderações importantíssimas que me fizeram adotar atitudes que possivelmente não adotaria se não tivesse ido lá. E, claro, não teria ido se o compromisso não tivesse sido desmarcado na última hora, pois caso ainda estivesse no escritório, provavelmente os afazeres que me aguardavam teriam me "laçado" e o tempo "vago" teria sido absorvido pela correria de então. E senti tanto prazer naquele momento que aprendi que era possível mudar tudo de uma hora para outra, utilizando-se de um instante de conflito.

Bem aventurados sejam os conflitos saudáveis ou situações inesperadas que nos conduzem a modificar o rumo que muitas vezes, equivocadamente, damos a nossos dias. Senti uma liberdade que não tinha experimentado há muito tempo. Fiquei me perguntando qual o motivo de eu ter demorado tanto tempo para perceber como me encontrava escravizado à rotina... A conclusão a que cheguei é que somente eu poderia avaliar como estava dividindo meu tempo e, definitivamente, quando entramos no "piloto automático", perdemos essa sensibilidade que nos alerta.

Essa experiência foi marcante para mim. Desde então, e lá se vão mais de 10 anos, sempre me permito esses pequenos instantes de quebra de padrões na rotina diária e entro em contato com algum ambiente inspirador que me ajude a manter a consciência do que realmente desejo para minha vida. Aprendi que devemos nos permitir acreditar que é possível ser produtivo e equilibrado ao mesmo tempo. Não precisamos perder a saúde, a harmonia mental ou espiritual para "cair a ficha" de que algo está fora do lugar. Percepção é a palavra chave. Precisamos perceber nós mesmos, pois somente assim começamos a realmente perceber os outros.

Eu sei que nem todos podem no meio do dia procurar um parque, no entanto, cada um de nós pode, caso deseje, criar momentos nos quais possamos estar mais intimamente conosco. Ainda que sejam poucos instantes, mas não deixe de fazer isso! Muitas pessoas dizem que não conseguem um tempo em casa, pois quando chegam do trabalho estão cansados e o cônjuge quer atenção, além dos filhos! Então se colocam como se fossem vítimas de uma vida que criaram para si mesmos. Isso não faz nenhum sentido. Nosso ambiente deve ser familiar e saudável para nossa alma. E para isso, precisamos estar bem física e emocionalmente. Não cuidar de si mesmo é uma forma de egoísmo, pois quando o "caldo entornar" em um problema de saúde, uma crise de estresse ou algo do gênero, são exatamente as pessoas que mais amamos que sofrerão as consequências.

Cuidar de si mesmo é um ato de amor. Ter consciência de qual é seu papel no mundo é uma atitude de generosidade. Pois quem age em seu papel, tem a tendência a saber dividir seu tempo, tem a tendência a ter mais sabedoria para auxiliar outras pessoas que estão em dificuldades, pois seu corpo e sua mente estão em paz, felizes com o caminho que estão trilhando. Além, é claro, de com seus exemplos estimularem quem os rodeia a não aceitar uma vida medíocre e sem significado.

Se há conflitos em sua vida, ouça seu Eu Superior e Ele lhe dirá onde precisa mudar ou o que necessita aprender para que harmonia se estabeleça. Não há nenhum remédio ou tratamento médico para falta de bom senso. O que há é a sensibilidade e a coragem de perceber o que precisa ser feito e a atitude de fazê-lo!

Nos instantes de conflitos, precisamos tirar proveito para crescer, mudar, fazer ou deixar de fazer muitas coisas. Desejo enfatizar que é possível adotar novas posturas em alguns casos e mesmo assumir riscos que nos conduzam a aprendizagens de novas experiências. Não tenha medo de mudar de rota se sentir que é isso que precisa fazer. Esperar para dar o primeiro passo apenas quando tiver certeza que tudo dará certo é uma ilusão que inventamos para nós mesmos. Não há certezas na vida maiores que as incertezas. O que o bom senso diz é que vale a pena correr o risco de ser feliz nos relacionamentos mesmo sem saber até onde eles irão. Que vale a pena mudar de área profissional se o coração pedir, mesmo sem saber se vai dar certo. Que vale a pena viver novas experiências que agreguem energia e vitalidade à sua alma, mesmo sem ter convicção do que lhe aguarda.

Lembrei-me da frase de Ghandi naquele dia e não a esquecerei jamais. Realmente precisamos estar atentos e aprender a sermos felizes durante a caminhada, mesmo entre imprevistos e problemas.

Coragem para Mudar

Tenho um amigo em São Paulo que há algum tempo abandonou a carreira bem-sucedida no setor bancário porque cansou de lutar contra a sua natureza. Ele era uma pessoa bem-sucedida financeiramente, com reconhecimento nacional em sua área, mas não plenamente realizado. Sempre desejou auxiliar pessoas a alcançarem êxito em suas vidas e acabou largando tudo para auxiliar pessoas a serem bem-sucedidas. Foi uma decisão dura. Exigiu um bom planejamento e muita disciplina. Mas se tornou um profissional muito respeitado nessa nova área.

Sei que nem todos podem jogar tudo para o alto, como ele fez, mas se temos desejos latentes, refletidos nos conflitos que aparecem no dia, vamos programar nossa mudança, preparar a construção de nosso futuro, desfrutando prazer existencial de estarmos alinhados com nosso propósito de vida agora, no momento presente! Nada de deixar para amanhã o que podemos fazer hoje, até porque quem garante que teremos esse tal "amanhã"? Não crie subterfúgios para continuar preso onde não deseja estar. Permita-se sonhar, dar asas à sua alma e permitir que o grito silencioso de sua alma comece a ser ouvido e a guiar seus passos. Acredite: não são palavras enlatadas de livros de autoajuda. É a mais pura realidade! Atuo como *coach* há quase 15 anos e participo ativamente de trabalhos sociais há aproximadamente 20 anos. Em todo esse tempo nunca encontrei uma só ser humano que fosse realmente feliz preso a uma vida que não gostasse, cultivando amargura em seu interior. Se quiser pagar o preço de ficar inerte, se esse for o seu caso, é um direito seu. Mas não diga que nunca teve opção!

Em síntese: vejamos nos conflitos novas oportunidades para sairmos da inércia. Sabe aquela sensação de que o lugar que você ocupa na vida deveria ser outro, ou ainda, de que está na hora de trabalhar menos e investir nas descobertas espirituais ou mesmo exercitar o desapego em relação ao patrimônio? Lembra-se daquelas reflexões sobre melhorar a qualidade de vida, passar mais tempo com a família, perder peso ou começar a praticar esportes? Sinceramente, torço muito para que esses conflitos presentes entre a vida que você deseja ter e a onde você momentaneamente está possam lhe estimular a melhorar sua história e aproximá-lo de viver o seu papel no mundo!

EXERCÍCIO:

Dê o primeiro passo. Anote todos os conflitos em qualquer área que atualmente tiram seu sono. Liste-os um a um. Capriche na lista! Ao final, pergunte-se: "Como seria seu eu já tivesse resolvido esse conflito?". Anote a resposta ao lado do conflito em questão. Procure se visualizar com o conflito já harmonizado e você sentindo-se livre para seguir com sua vida. O objetivo desse exercício é chegar ao final dele com uma sensação de alívio e com coragem para fazer o que for necessário para se libertar do que o manteve preso até agora!

05

Cuidado com o Que Quer, pois Você Pode Conseguir!

Tudo que alarga a esfera dos poderes humanos, que mostra ao homem que ele pode fazer o que pensa que pode, é valioso.
BEN JONSON

COMENTÁRIO: É INTERESSANTE NOTAR QUE BOA PARTE DA HUMANIDADE deseja conseguir muitas coisas. E fica revoltada, triste quando não consegue o que deseja. O que muita gente ainda parece não perceber é que, em alguns momentos, obter o que se deseja pode ser perigoso e danoso para seus planos futuros, e a vida, sábia como sempre, em muitos momentos, nos priva de nossos desejos momentâneos para nos proporcionar adiante resultados mais coerentes com nossas necessidades reais. É fundamental entender os sinais que a vida nos envia para compreender se estamos ou não no caminho certo...

Cuidado com o Que Quer, pois Pode Conseguir

NOS EUA, NA DÉCADA DE 70, surgiram muitos movimentos importantes nas ciências comportamentais que influenciaram profundamente o modo como passamos a visualizar nossos conflitos hoje em dia. Com uma abordagem ampla, contemplando uma visão sistêmica da relação do ser humano com o meio onde vive, vimos florescer no mundo a Programação Neurolinguística, estudando a importância da linguagem e nossos modelos mentais nos resultados que obtemos. Assistimos ao florescimento das raízes do atual modelo utilizado nos processos de *Coaching*, com foco no desbloqueio de todas as fontes de conflito que nos impedem de chegar aonde desejamos. E vimos também, dentre outras importantes contribuições, o nascimento da Psicologia Positiva com uma abordagem poderosa voltada para compreender o que funciona em nossos padrões emocionais em vez de apenas tratar os problemas, diagnosticados como o que não funciona em nosso interior.

Ainda assistimos aos primeiros passos da Psiconeuroimunologia, importante área das ciências médicas que se alimenta de um paradigma integrativo na relação mente-corpo, unindo na forma de diagnosticar e tratar os pacientes uma visão integrativa da relação direta que há entre nossas emoções e o funcionamento de nosso organismo, demonstrando que em torno de 70% das queixas médicas que temos seriam evitáveis se emocionalmente fôssemos mais estáveis. Foi ainda nos anos 70 que se fortaleceu o Esalen Institute, um centro de estudos muito importante na área da psicologia humanista que promovia encontros, estudos e pesquisas profundas sobre as abordagens existentes sobre como ajudar as pessoas a serem plenas, a viverem alinhadas com suas missões e, consequentemente, serem mais realizadas. Apenas para se ter uma ideia da importância do Esalen Institute, por lá passaram professores do porte de: Carlos Castanheda, Fritz Pearls, Gregory Bateson, Abraham Maslow, Carl Rogers, Fritjof Capra, Deepak Chopra, Fritjof Capra, dentre outros.

Mas foi especificamente no ano de 1974 que foi lançado um dos mais importantes livros dessa época dourada do despertar humano, uma obra influente e reveladora, chamada *The Inner Game of Tennis*, escrita por Timothy Gallwey. Ele trouxe uma visão criativa de fenômenos psicológicos e a prática esportiva, tendo como pano de fundo o que acontece em um jogo de tênis. A partir dessa nova percepção, apresentou-nos ensinamentos utilizáveis em todas as áreas de nossa vida. Dizia que o tenista tem dois grandes oponentes para vencer: um é oponente externo que está do outro lado da quadra e o outro, e mais desafiador, é nosso oponente interno, que nos conhece muito bem, formado por nossos pensamentos e crenças a respeito de quem somos e de nossa interação com o meio.

De maneira bastante didática, vamos compreendendo que o grande desafio do tenista não está apenas em colocar a bola fora do alcance do seu adversário, mas em muitas vezes silenciar seu diálogo interno, que muitas vezes o enfraquece com frases desestimulantes e pensamentos desanimadores. Da mesma forma que ocorre em nosso dia a dia. Imagine em quantas oportunidades você queria fazer alguma coisa e uma voz interna lhe dizia: "Nem adianta tentar, você sabe que não vai conseguir!". Ou então: "Será que realmente sou capaz de fazer isso? Será que sou merecedor de alcançar esse objetivo? Humm, cego quando vê esmola grande desconfia...". Sem perceber, antigos atavismos vêm à tona pelas portas de nossa mente, muitas vezes bloqueando o fluxo de energia que deveríamos colocar em nossas potencialidades e não em nossas supostas dificuldades!

O mais interessante em todas as escolas de pensamento que floresceram nessa época é que todas têm uma base comum: nós temos tudo o que precisamos para construir uma vida plena de realização. Temos todos os recursos dentro de nós. Podemos não saber como utilizá-los, e é o que normalmente ocorre, mas já temos tudo de que precisamos dentro de nós mesmos para termos uma existência repleta de realizações.

O que precisamos fazer é encontrar a maneira mais adequada de como acessar esses poderes que parecem secretos para nos ajudar a sermos quem realmente nascemos para nos tornar e, dessa forma, estimularmos outras pessoas a fazerem o mesmo.

Quando, por exemplo, aprendemos a silenciar esse diálogo interno enfraquecedor, trocando-o por um diálogo fortalecedor, revertemos muitos momentos de desânimo e passamos a ter um novo olhar para as mesmas coisas. O mundo pode continuar o mesmo, com todos os seus desafios, mas nosso olhar se torna mais sábio, mais amplo e mais generoso, demonstrando como podemos nos beneficiar de qualquer situação, por mais adversa que pareça. Não é por acaso que temos insistido tanto desde o início desta obra para que você reveja sua forma de pensar, pois pensamentos levam a crenças. Crenças repetidas moldam comportamentos. Comportamentos repetidos desenvolvem os hábitos, e o conjunto de hábitos que temos molda quem estamos nos tornando em nossa caminhada.

A maior mudança que podemos fazer sempre vem dentro para fora. Quando modificamos verdadeiramente nossa percepção da realidade, toda a realidade muda junto conosco. Vários experimentos na área da física demonstram que mesmo os elétrons modificam sua estrutura quando são observados, devido à influência do observador ( ). Segundo o experimento conhecido como dupla fenda, realizado pela primeira vez em 1909 pelo físico britânico Geoffrey Ingram Taylor ( ), os elétrons ora movimentam-se como partículas e ora se movimentam como ondas. E isto, segundo esse postulado, acontece por interferência direta de quem está observando o experimento.

Se levarmos em conta que toda a matéria que constitui o universo, inclusive nosso corpo, é formada por incontáveis elétrons, temos aqui mais uma evidência de que nossa energia direcionada realmente tem o potencial para criar realidades, sejam boas ou não. Mais uma vez, lembramos que precisamos ter cuidado com o que queremos, pois temos uma grande chance de conseguir. Onde colocamos nosso foco, ali depositamos toda nossa atenção, desligando-nos de tudo que esteja fora dessa área de interesse.

Você já notou que quando uma mulher de sua família está grávida há uma forte tendência de enxergarmos nas ruas muitas mulheres em igual estado, além de propagandas específicas e produtos para bebê nas lojas? É tão interessante que, em alguns casos, parece até que várias mulheres resolveram ficar grávidas ao mesmo tempo! O mesmo fenômeno acontece quando trocamos o carro. É muito provável que a partir do instante em que nos interessamos em trocar nosso carro por um modelo "X" da marca "Y", começamos a ver vários carros com essas características.

Novamente, a impressão inicial é que "todo mundo" resolveu comprar o mesmo modelo de veículo. É assim quando adquirimos alguma roupa, sapatos ou desejamos muito uma coisa. A tendência é que, a partir do momento que construímos um foco, passamos a identificar ao nosso redor muitas pistas a respeito dele. E esse processo é muito profundo e espontâneo. É totalmente inconsciente, na maioria das vezes! Parece que tudo muda quando escolhemos ver ou fazer alguma coisa.

Mas sabemos que não é isso que acontece. O que ocorre é que em um oceano de possibilidades, passamos a focar nossa atenção em determinado ponto e, assim, percebemos muito mais esse ponto. Essa realidade sempre esteve presente ao lado de outras realidades possíveis, mas ela apenas se evidencia quando prestamos atenção a ela. Uma das explicações propostas para a experiência de Geoffrey Taylor é que o elétron existe tanto em forma de partícula como em forma de onda, mas quando o observador cria uma expectativa sobre qual dos dois modos ele atuará, esse modelo que recebe o foco do observador se evidencia.

Quando passamos a pensar e perceber nossa vida sob esse aspecto, temos implicações profundas. Sob esse prisma, tudo que temos em nossa vida hoje que nos rodeia é um reflexo direto de muitas escolhas que fazemos em um nível sutil, quando sustentamos, ainda que inconscientemente, um foco em uma direção. Portanto, o que chamamos de acaso não existiria, mas sim uma resposta do universo aos estímulos que nós mesmos estamos criando a todo momento!

Para o Campo de Infinitas Possibilidades que permeia o Universo, ou talvez seja o próprio Universo permeando a si mesmo, tudo o que colocamos atenção profunda é considerado nosso desejo, nossa vontade, mesmo que isso não seja real. Dentro dessa perspectiva, que tem o forte amparo de descobertas recentes no mundo científico e sempre foi demonstrada pelos grandes mestres espirituais de todos os tempos, se tenho muito medo de falar em público e sempre me visualizo tendo problemas com essa possibilidade, o universo vai interpretar que meu desejo é ter problemas para falar em público.

Por mais incrível que pareça, a realidade tende a comprovar essa possibilidade teórica. Quando alguém nessa mesma situação, apesar da insegurança, mantém o foco em conseguir se comunicar e aprender a falar em público com excelência, certamente, se sustentar esse tipo de pensamento por um tempo considerável, o universo interpretará que o desejo dessa pessoa é ser capaz de falar em público.

Portanto, cuidado com o que você diz que quer para o universo, pois você corre o sério risco de conseguir!

Imagine o que acontece quando estamos chateados, mal-humorados e deprimidos, sempre nos queixando de tudo de ruim que nos acontece. Nesse estado mental, vamos filtrar qualquer coisa boa, descartando-a sem se dar conta, para apenas deixar passar para nossa percepção tudo o que nos incomoda. Teremos a contínua sensação que tudo é difícil, pois somente percebemos por nosso filtro as dificuldades que nos preparamos para ver. Viveremos nessa faixa, pois nosso foco está nessa linha. Como o inverso também é verdadeiro!

Outro exemplo: imagine também como as empresas ganham quando investem em colaboradores que têm uma visão alinhada com suas missões e sua cultura organizacional. Com várias pessoas vibrando na mesma frequência e enxergando o mesmo horizonte, tudo fluirá melhor. Novos produtos e soluções para problemas de clientes ocorrerão com muito mais facilidade. Um ambiente mais agradável para se trabalhar será construído, aumentando o prazer de todos de ir para o trabalho, o que aumenta a conexão existente entre toda a equipe e fortalece o ganho da organização. É um ótimo exemplo de círculo virtuoso: pessoas alinhadas com suas missões são atraídas por empresas congruentes que valorizam essas pessoas que, por sua vez, valorizam a empresa e fazem de tudo para que a instituição seja vencedora, pois em seu íntimo sentem que serão beneficiadas também!

Mas aqui, também, o oposto é real da mesma maneira. Líderes desmotivados e confusos conduzem muitas empresas de maneira confusa, atraindo pessoas confusas e desestimulando profissionais equilibrados. Assim, pessoas confusas trabalham em empresas confusas, que provavelmente terão um ambiente conturbado e confuso, levando esse grande estado de confusão para todos os setores, gerando problemas que retroalimentarão a confusão. É um exemplo de círculo vicioso do mundo corporativo.

Precisamos tomar cuidado com o que queremos. Esse querer não precisa ser consciente. Para o universo, qualquer pensamento contínuo repleto de emoções é identificado no Campo Quântico de Infinitas Possibilidades como sendo um desejo de quem o emite, mesmo que não seja isso que realmente estejamos almejando. Preste bem atenção: acreditando ou não na lei da gravidade, ela vai continuar exercendo sua força de atração. Conhecendo ou não as leis da eletricidade, se apertarmos um interruptor e tudo estiver bem, a luz do ambiente se acenderá. A conclusão é: conhecendo ou não as leis que regem a vida, concordando ou não com elas, acreditando ou não na existência delas, elas continuarão a exercer seu poder!

Mesmo não enxergando o vento, sabemos que ele existe devido aos efeitos dele. Não podemos dizer: "Ali está o vento". Dizemos: "Ali está ventando...", o que significa que sabemos que o vento existe não porque o estamos enxergando, mas por observarmos seu efeito nas árvores balançando ou qualquer outro objeto sendo levado por sua presença. Ninguém consegue medir ou pesar o amor, a raiva e a ansiedade. Mas sabemos que esses sentimentos e sensações existem, pois sentimos seus efeitos.

A mesma coisa acontece com o princípio de que temos que tomar cuidado com o que queremos, pois corremos um grande risco de conseguir. Lembre-se de que para o universo, para tudo que direcionamos de forma contínua nossa energia, através de nossos pensamentos e principalmente sentimentos, ele compreende como se fosse nossa vontade, mesmo que não seja. Assim, se estou sempre pesaroso duvidando que serei capaz de parar de fumar, provavelmente não serei. Mesmo querendo parar de fumar em minhas imagens mentais, vejo-me sempre fumando e tenho um forte sentimento que não conseguirei largar o vício. O universo identificará essa sensação, pois é mais forte, e não o desejo de parar de fumar, que ainda é bem fraco. Entendeu o que quero dizer?

Todas as escolhas feitas por todos nós, na carreira e na vida pessoal, sofreram a influência desse princípio. Você não precisa acreditar nele para ele continuar a funcionar. Ele continuará a exercer sua influência sobre sua vida. É como no caso do vento. Mesmo sem ver o princípio, você saberá que ele existe ao observar os efeitos. Observe atentamente quais outros pensamentos, palavras, atitudes e sentimento estão presentes em sua vida. Preste muito atenção a esse detalhe. E vai perceber que muitas pessoas que conhecemos e situações que aconteceram não foram fruto de um mero acaso. De alguma forma, nós as atraímos como elas nos atraíram. Nada no sistema complexo do universo ocorre "por acaso".

Assim sendo, cuidado com o que almejar, pois você corre o grande risco de conseguir e não estar preparado para lidar com as consequências que surgirão. Na realidade, muito provavelmente, você já vive em uma realidade que de alguma maneira você sustentou em sua mente. Quanto mais rapidamente você tomar consciência desse fato, mais rapidamente será capaz de alinhar o que realmente quer com sua consequente materialização em nossos dias.

Algumas empresas modernas, após muitos treinamentos e pesquisas comportais, sabem dessa realidade e investem muito para que seus funcionários estejam focados na solução do problema e não no problema. Certa vez, soube de uma experiência enriquecedora a esse respeito, ocorrida no interior de Minas Gerais

Uma empresa de dois mil funcionários desejava difundir uma nova cultura organizacional, focada na harmonia nas relações entre os funcionários. Algo realmente desafiador. A necessidade apresentada pelos responsáveis era a de mostrar que se toda a instituição estivesse focada nas metas a alcançar, dentro de um ambiente de alegria e confiança, todos ganhariam. E a ideia era que se todos os funcionários parassem de falar mal da empresa e uns dos outros, tendo uma postura de comprometimento com um ótimo clima para se trabalhar, ao contrário do ambiente tenso que existia anteriormente, os resultados melhorariam.

O desafio era, portanto, o de demonstrar a eficácia desse pensamento, levando os funcionários a perceber que não se tratava de um discurso vazio e sim de uma lei do mundo dos negócios! Tomaram como ponto de partida a integralidade do ser humano, ou seja, antes de ser um funcionário ou empresário, há um homem ou uma mulher com aspirações, sonhos, dificuldades a serem transpostas e limitações a serem superadas.

Foram adotadas várias atividades e técnicas visando a esse objetivo, desde práticas de meditação a um maior refinamento do processo seletivo na hora da contratação.

Seis meses depois, eram colhidos os frutos da empreitada. A instituição – do diretor ao funcionário mais comum – parecia falar a mesma língua! Os resultados mudaram para melhor. O ambiente era melhor, o número de faltas havia diminuído e os negócios estavam mais promissores. Essa foi minha primeira grande experiência com essa linha de trabalho, o que fortaleceu ainda mais minha convicção nesse caminho e me levou a replicá-la em vários outros locais, com bastante êxito.

Portanto, afirmo e sustento sem o menor receio de errar: cuidado com as mensagens que você tem enviado ao universo. Elas serão interpretadas como sendo sua vontade. Quem vive em conflito, abrigando sentimentos ruins e distante de viver sua missão, continuamente passa uma mensagem negativa para a grande "Matriz da Vida" e recebe resultados correspondentes que chegam até nós nos braços do que julgamos ser o acaso.

Jesus já dizia que onde estiver nosso tesouro, lá estará o nosso coração! ( ) Quando acreditamos com muita vontade em algo, movimentamos energia nesse sentido. Portanto, se você deseja muito alguma meta, independentemente de ser boa ou ruim, é muito provável que consiga. Se tiver um pensamento fixo que sua carreira será um fracasso e que todos os problemas do mundo estão em cima de você, tenha convicção de que se sentirá dessa forma e, em cada situação, verá inconscientemente alguma justificativa para ratificar sua crença mais profunda! Se você teme a solidão e sempre enfatiza que casamento é um problema, ou duvida que será feliz no amor, fique certo: é bem provável que suas profecias sobre si mesmo se concretizem, não porque você estava certo(a), mas porque você pediu isso ao universo.

EXERCÍCIO:

Portanto, antes de seguir em sua leitura, convido-o a parar um pouco e realmente ponderar sobre quais mensagens você tem insistentemente repassado ao mundo ao seu redor!

Portanto, cuidado, pois se na sua família, em seu trabalho ou em qualquer outra área o foco for enxergar o que não funciona, você será bem-sucedido! Se, por sua vez, o foco for identificar pontos saudáveis, apesar dos problemas, você também os encontrará, sem a menor dúvida! Escolha que tipo de filtro melhor se encaixa com seu perfil. Faça uma autoavaliação e reflita que você corre um grande risco de conseguir aquilo que deseja ou diz para o universo que deseja. Não duvide de sua capacidade realizadora. A questão não é se somos ou não capazes de realizar, mas sim o que estamos continuamente realizando. A dificuldade não é saber dirigir, mas o sentido para aonde estamos indo!

Por isso é relevante questionar-se sobre o que desejamos obter, pois corremos o grande risco de conseguir. E como nem tudo que desejamos é realmente bom, muitos dos problemas e limitações que experimentamos na vida são frutos do que estamos procurando, ainda que inconscientemente. Observe-se. No caso mencionado acima, o da empresa que desejou despertar um desejo comum em todos os seus funcionários para obter os resultados, temos um bom exemplo de como um resultado mais significativo, envolvendo muitas pessoas, depende fundamentalmente da direção na qual todos estão focando suas energias.

Relembrando o belíssimo trabalho de Timothy Gallwey, aprendemos que o maior inimigo, portanto, não está fora de nós, mas dentro de nós mesmos. A mudança só pode ser feita de dentro para fora. Não há outra maneira. É como na gestação. Concebemos uma nova percepção da existência. Cuidamos dela, nutrimos com nossa atenção. Após certo tempo, essa nova concepção vai nascer de maneira poderosa, mostrando-se em nossos pensamentos; logo em seguida, no que estaremos sentindo e falando para, por fim, mostrar-se em nossas ações. Comece a ficar mais atento ao que está pedindo para o universo, pois isso pode mudar para sempre sua vida. Pense nisso!

EXERCÍCIO:

Se possível, releia os dois primeiros capítulos em que falamos da missão e liste os principais desejos que lhe mobilizaram até hoje. Vale a pena começar desde os sonhos mais singelos de criança aos mais concretos, vivenciados atualmente. Após listá-los, avalie se seus desejos estavam ou não congruentes com sua missão, isto é, se você já tinha uma ideia de qual era sua missão. Caso perceba uma divergência entre o que aspira e o que tem vivenciado, compreenderá melhor o motivo de estar se sentindo confuso(a) ou desmotivado (a). Caso descubra que seus objetivos, sempre ou na maioria das vezes, estiveram agregados à sua missão, é bem provável que você esteja estimulado, ainda mais confiante, pronto para seguir firme na estrada onde já se encontra. Seja qual for sua descoberta, será muito bom para você!

06

É Preciso Ter Currículo Interno!

> É com o coração que se vê corretamente,
> o essencial é invisível aos olhos.
> ANTOINE DE SAINT EXUPÉRY

COMENTÁRIO: ESTE É UNS DOS CAPÍTULOS de que mais gosto. Quando passamos a escolher com consciência quem desejamos nos tornar à medida que caminhamos, damos permissão a todo nosso Self para se libertar da pseudo-ideia de quem julgávamos ser. Assim, deixamos definitivamente de atuar como atores coadjuvantes para sermos os verdadeiros protagonistas de nossa existência!

É Preciso Ter Currículo Interno

DIVERSAS SÃO AS VISÕES A RESPEITO DO QUE LEVA alguém a ser bem-sucedido na vida. Cada uma delas tem sua fundamentação, mas talvez antes mesmo de pensar em como ter sucesso, talvez fosse interessante esclarecer para nós mesmos o que é ter sucesso.

O que o sucesso significa para você?

Uma das mais belas definições de sucesso que conheci nos é oferecida pelo médico e escritor Deepak Chopra na introdução de seu belíssimo livro *As Sete Leis Espirituais do Sucesso* ( ). Lá ele afirma, afinado com uma forma quântica de pensar: "Sucesso é a realização progressiva de objetivos altamente compensadores!".

Ser bem-sucedido, portanto, não seria simplesmente conquistar coisas ou posições na sociedade, mas comprometer nossa energia com objetivos que se alinhem com o que é compensador para nossa alma, ou seja: sucesso é trilhar a estrada de nosso propósito de vida, de nossa missão pessoal. Sucesso é viver dentro de um estado mental de paz e prosperidade que apenas é alcançado quando estamos vivendo nosso caminho, e nunca é alcançado quando vivemos o caminho que a sociedade ou outras pessoas querem que trilhemos! Dessa maneira, não medimos o sucesso de alguém por medidas materiais, mas pelas medidas existenciais. Não o que você se torna que mostrará seu nível de êxito, mas quem você se torna à medida que o tempo passa.

A Dra. Kubler Ross, fundadora da Tanatologia, relevante área que envolve a psicologia, psiquiatria e assistência social e que tem como foco dar suporte a pacientes e familiares de pacientes terminais a como lidar com a iminência e presença da morte, desenvolveu um belíssimo trabalho em mais de 40 anos de carreira. Dentre suas inúmeras contribuições estão os passos para se lidar com as perdas, as fases do luto, além de observações preciosas sobre como é o estado mental de alguém que sente a morte chegar.

Que todos vamos morrer um dia, já sabemos. Mas saber mais ou menos quando vamos morrer e a forma de nossa morte, normalmente traz angústia ao ser humano. A Dra. Ross atendeu milhares de pacientes em toda a sua carreira e costumava dizer que nem todos têm medo de morrer ( ). Dizia que os que temem a morte são aqueles que a enxergam como sendo um espelho. Veem tudo o que fizeram e deixaram de fazer em suas vidas e se arrependem muito de várias coisas. Queixam-se de mágoas de determinadas pessoas, de não terem vivido muitas experiências com medo de que desse errado, além de reclamar da solidão que experimentaram em muitos momentos da vida. Assim, a iminência da morte seria uma forma de terapia em que o paciente estaria "passando em revista" toda a sua vida, revendo dentro de seu julgamento o que seriam seus erros e acertos. E, nesse grupo dos que temem a morte, a conclusão a que chegam é que não viveram bem suas vidas. Consequentemente, concluía a Dra. Ross, a angústia não era exatamente da morte ou do que viria depois, mas da forma como tinham vivido suas vidas e do tipo de ser humano que se transformaram com o decorrer de seu percurso.

Por sua vez, havia o grande grupo dos que não temiam a morte, mesmo passando por dores físicas profundas nos seus últimos meses ou dias de vida. E, segundo a Dra. Ross, esse grupo era representado por pessoas que sempre olhavam para a vida que tinham vivido com tranquilidade. Acertaram e erraram em muitas ocasiões. Mas não carregavam culpas ou ressentimentos de ninguém. Tiveram uma relação saudável com sua existência. Choraram quando tinham de chorar, brigaram quando tinham de brigar, perdoaram quando tinham de perdoar e aproveitaram quando tinham de aproveitar. Eram pessoas inteiras. Não tinham deixado rastros, casos mal resolvidos. Esses pacientes gostaram do que tinham se tornado com o passar do tempo. E a iminência da morte não os assustava. Na verdade, o que nos sugere a Dra. Ross, é que eles estavam em paz com suas consciências. Tinham vivido uma ótima vida. Não tinham do que se arrepender e definitivamente gostavam de si próprios. Resumindo: suas almas estavam leves, em paz!

Posso inclusive, nesse tópico, acrescentar meu testemunho. Por alguns anos fui voluntário no maior Hospital de Pronto Socorro de Minas Gerais, que fica em Belo Horizonte, além de auxiliar alguns gestores de Hospitais por longos anos. Servir voluntariamente ou trabalhar em um Hospital é uma experiência muito enriquecedora, pois lidamos com a presença constante da perda e, ao mesmo tempo, com a poderosa presença da esperança. Dependendo do dia, um dos lados ganha a batalha. E seja qual for o lado que obtenha a vitória, é possível aprendermos muito sobre a vida e suas leis.

Nesses anos, tive a oportunidade de conviver de perto com a dor e com a alegria de inúmeros pacientes. Mas em especial, a experiência com pacientes terminais e com seus familiares foi muito poderosa, pois vi como nossa vida ou de quem amamos pode se extinguir quando menos esperamos.

A Dra. Ross tinha toda razão em suas colocações. Não é da morte que, em geral, temos medo, mas do que ela nos mostra sobre nós mesmos, sobre a vida que tivemos ou deixamos de ter. Eis aqui o ponto chave!

Por isso, lhe pergunto: quem você está se tornado em sua vida? Que tipo de pessoa você tem sido e que tipo de pessoa você deseja se tornar? Qual o "currículo interno" desse perfil que você almeja ser?

Há quem pouco se importe com o que estamos dizendo. Vivem de maneira muito individualista, pensando apenas em seus próprios interesses. Em muitas situações, suas atitudes unilaterais machucam pessoas, são antiéticas, tem uma postura falsa e são egoístas. Lutando exclusivamente por seus próprios interesses, definitivamente não se preocupam com o impacto que suas ações causam no ambiente em que estão inseridos. Seja em sua família, nas pessoas ao seu redor ou no mundo que fazem parte, o eco de suas ações reverbera sem que essas pessoas se sintam responsáveis por isso. Com toda certeza, seu currículo interno não inspira qualquer admiração por parte de quem realmente se importa com a humanidade!

E o mais incrível é que não se dão conta de que muitas situações negativas que atraem para si em suas vidas, que se apresentam rotuladas pelo conceito de acaso ou de coincidência, são um reflexo direto no efeito bumerangue que nossa interação com a Matriz da Vida acarreta. Nada que pensemos, sintamos, falemos ou façamos passa desapercebido pela Matriz. O efeito positivo ou negativo de nossas ações pode demorar a surgir, mas sempre surge, nos surpreendendo e demonstrando que, como enunciou Isaac Newton no século XVII, a toda ação corresponde uma reação de igual intensidade.

Por sua vez, temos aqueles que se esforçam diuturnamente para ser um bom ser humano. Procuram ser verdadeiros, éticos, responsáveis, amorosos e respeitosos. Gostam de animais e da natureza. Respeitam todas as formas de vida e compreendem seu papel no mundo. Cuidam de suas famílias e ajudam outras pessoas menos favorecidas. Pensam duas vezes antes de falar ou agir para não se arrepender depois. E quando erram e percebem que magoaram alguém, imediatamente procuram se desculpar e reparar o dano cometido. Normalmente são pessoas muito amorosas e generosas.

E entre esses dois extremos, há inúmeras camadas em que se reúne um grande grupo de pessoas, representando seus mais íntimos valores em um processo de transição e amadurecimento existencial.

A grande questão aqui é: que tipo de ser humano você tem sido em sua vida e quem você deseja ser a partir de agora? Quando chegar seu momento de partir, como gostaria de se lembrar de sua passagem aqui na Terra? Que currículo interno gostaria de ter construído? Que tipo de mensagem gostaria de ter passado para o mundo? A hora de pensar nisso é agora, enquanto é tempo. Não depois, quando muitas vezes é tarde demais.

Sucesso e felicidade têm muito a ver com quem você se torna à medida que o tempo passa. Veja que há pessoas que têm uma ótima condição material e até boa saúde, mas não são alegres ou felizes. E há muitas outras que mesmo não tenho todo o conforto e facilidades materiais são mais sorridentes, alegres e mais generosas que os primeiros.

O Dr. Martin Selingman, pesquisador e PHD da Universidade da Pensilvânia, escreveu vários livros divulgando resultados de pesquisas feitas com pessoas em várias partes do mundo que mostram que o nível de felicidade de uma pessoa pouco tem a ver com sua condição social ou material. Em seu livro *Felicidade Autêntica* ( ), ele demonstrou que a maior característica para as pessoas que afirmavam ser felizes era o valor que davam a seus relacionamentos e às suas ações mais simples do cotidiano. Pessoas felizes, diz o Dr. Selingman, gostam de cuidar de outras pessoas, se importam com os outros e consigo mesmas. Essa postura as predispõe a serem mais éticas e, consequentemente, mais generosas.

E é fácil constatar essa afirmação. Antes de prosseguir, faça o exercício abaixo:

EXERCÍCIO:

Liste, sem pensar muito, as cinco situações ou coisas que mais lhe trazem felicidade neste momento de sua vida. Responda rápido e anote as respostas, antes de prosseguir. Se prosseguir antes de fazer o exercício, perderá uma ótima oportunidade de constatar uma importante realidade. Vamos lá, mãos à obra!

Se você realmente fez o exercício, deve ter percebido que a maioria das suas respostas pouco depende de ter muito dinheiro ou poder. Possivelmente, estão relacionadas a algum tipo de relacionamento, momentos de relaxamento ou de conexão espiritual. Essas têm sido as respostas mais comuns! E isso surpreende a muita gente que imagina que o que lhe faz mais feliz depende de muitas coisas além de suas possibilidades. Muito pelo contrário. Temos mais condições de criar momentos felizes que imaginamos. É uma questão de termos consciência disso!

Veja, portanto, que quem tem tendências egoístas, vive fechado em seu mundo, isolado ou mesmo sentindo-se vítima da vida, sempre culpando outros por seus problemas, estão "estatisticamente condenados a sentirem-se infelizes", enquanto perdurar sua postura. Sem perceber, constroem um currículo interno incongruente com os benefícios que afirmam desejar em suas vidas!

Neste momento, peço permissão para compartilhar um pouco do aprendizado que tenho tido em minha profissão. Já ministrei mais de 3.500 cursos e palestras em vários países. Atualmente, ministro uma média de 100 a 150 palestras por ano, seja por compromissos profissionais ou em trabalhos voluntários. Enquanto escrevo esta obra, tenho uma coluna na rádio de maior audiência em Minas Gerais. Temos picos de 60 mil ouvintes a cada minuto, segundos dados do IBOPE. Já estive frente a frente com clientes das mais diversas áreas em mais de cinco mil horas de atendimento em processos de *Coaching*. Nos últimos anos, estive em contato com quase dez milhões de pessoas, se levarmos em consideração o público que alcanço pela mídia, através do alcance dos meus livros e artigos e mesmo pelas apresentações para públicos. E, independentemente disso, também tenho família, amigos e conheço pessoas em meu dia a dia. Tudo isso para lhe dizer que em toda minha vida nunca conheci ninguém que fosse egoísta e não se importasse de verdade com os outros que se tornou uma pessoa feliz!

Isso é muito sério. Senão pararmos para pensar em quais valores estamos abraçando e compartilhando com o mundo, corremos um risco de vivermos escravizados em uma grande ilusão. A ilusão de que é possível nos escondermos em nosso trabalho ou em nossa busca por dinheiro em detrimento de investirmos tempo e energia para cuidarmos de nossa espiritualidade, de nossas emoções e das pessoas que tanto amamos. Sucesso verdadeiro, como sinônimo de realização profunda é fruto de uma forte conexão com seu papel na sua vida. Descobrir seu lugar no mundo e ficar à vontade nele é muito importante para que esse fluxo de alegria existencial possa ser experimentado.

Fugir de si mesmo, através de vícios de qualquer ordem, pode nos trazer momentos de prazer, mas nunca de realização. Prazer é uma sensação física. Realização é um estado mental, imponderável. Quem fuma, bebe, come demais, consome drogas ilícitas ou é viciado em sexo pode ter vários momentos de prazer. Mas apenas se realizará se estiver alinhado com os postulados mais sagrados que alimentem sua alma. Não basta apenas distrair as sensações do corpo.

Quando vamos amadurecendo e ampliando nossa consciência, compreendemos que, como agentes de um Universo Participativo, interagindo com uma Matriz Divina, temos totais condições de iniciarmos imediatamente uma revolução em nossa forma de viver, bastando que para isso haja um verdadeiro desejo de que isso ocorra e, por tal, passando a viver como se já tivéssemos alcançado o estado de realização que desejamos ter.

Ao agir assim, vivendo nesse estado, passaremos para a Matriz a mensagem que esse é nosso desejo e, consequentemente, a resposta virá de forma abundante. Assim, conheceremos pessoas e atrairemos circunstâncias que reforçarão em nós esse estado. Assim, o círculo virtuoso se estabelecerá. Caso contrário, continuaremos capengando por aí, entre tentativas e outras tentativas, na esperança de que encontremos um dia o tesouro de nossa felicidade. Esse é o paradigma que a realização vem de fora para dentro, quando na realidade ela vem de dentro para fora!

O conjunto de experiências que adquirimos ao longo do tempo nos ensina muitas coisas. Quem nunca errou? O importante é aprender com o erro para não mais repeti-lo. Fruto desses aprendizados, passamos a conhecer a capacidade de alguém pelo seu poder de dizer não, por sua coragem de abrir mão de muitas coisas. Saber abrir mão é uma arte. Desviar de caminhos que não são os nossos ou de escolhas não condizentes com nossa missão é algo relevante.

Eu sei que é muito mais cômodo fazer uma escolha que traga algum prazer imediato. O problema é o preço de alguns prazeres. Podem ser muito caros! Exemplos não faltam. Por alguns instantes de prazer, pessoas arruínam suas vidas e a de outros. Quantos exemplos vemos de casais que não se respeitam e se traem para satisfazer uma sensação de prazer que muitas vezes é fugaz, que muitas vezes acaba trazendo inúmeras consequências desastrosas para suas relações. Temos investidores despreparados que operam na bolsa de valores por prazer e sem nenhuma estratégia, agindo como jogadores, perdendo muito dinheiro, apenas pela satisfação de operar. Mesmo em questões simples, como no caso da comida. Há quem tenha determinados problemas de saúde causados pela ingestão de alguns alimentos. E pelo prazer de saboreá-los se arriscam a ter complicações sérias.

Enfim, os exemplos são muitos. Pelo prazer de dizer o que pensamos na hora que estamos com raiva, podemos falar coisas pelas quais vamos nos arrepender pelo resto vida. Pelo prazer de comprar algo impulsivamente, é possível que assumamos dívidas que nos tragam grandes dores de cabeça. E por aí vai... A questão aqui é: se não tomamos consciência da vida que estamos levando e da distância dela para a vida que desejamos viver, dificilmente algo mudará por si só. A Matriz nos enviará sempre mais do mesmo que já temos. Consciência é a palavra chave. Consciência de nossa potencialidade, consciência de que somos coautores de nossa vida, consciência de que independentemente das dificuldades que hoje enfrentamos, sempre é possível mudar nossa postura em relação a elas!

Precisamos nos dar o direito de tentar, dentro das possibilidades, nos comprometer com projetos que façam sentido para nossas vidas; projetos que agreguem valor à nossa alma. Sei que não é simples agir assim, pois tomar essa decisão impacta praticamente todos os setores de nosso dia a dia. Mas compensa, e como compensa! Se você se alinha interna e externamente com a forma de viver que almeja, imediatamente começa a sentir um fluxo de entusiasmos que sinaliza que você está fazendo a escolha certa.

Quanto temos coragem de abrir mão do que nos faz mal e investimos nossa energia no que nos faz bem, imediatamente o universo envia sinais de que estamos no caminho certo: primeiro é uma sensação de paz e leveza muito profunda, segundo, são determinados acontecimentos que parecerão coincidências, mas que nada terão de coincidências, pois serão apenas a resposta imediata das novas escolhas que você terá feito. Lembrando Jesus, mais uma vez, em Matheus 6, vv 21: "Onde estiver o vosso tesouro, lá estará o vosso coração!". Traga a coerência para sua maneira de ser, acredite: você não vai se arrepender!

Decidindo Ser Coerente

Como muitas profissionais em início de carreira, é comum que aceitemos empregos ou ocupações que não nos tragam muita satisfação. Mas o fazemos pela necessidade. Entretanto, se não tomarmos cuidado, corremos o risco de nos acostumar com situações que são incoerentes com nosso desejo de viver. E se você permanece em situação incongruente com o que deveria fazer, envia um sinal confuso para o Campo de Infinitas Possibilidades. E o Campo sempre nos traz mais do mesmo, recorda-se?! Neste caso, uma pessoa confusa vai atrair cada vez mais situações confusas em sua vida, até mudar internamente o molde de suas escolhas.

No caso em questão, quem passa por esse tipo de situação poderia pelo menos planejar uma mudança rumo ao que almeja e não se acomodar no que não quer. Foi como já conversamos anteriormente: os resultados do que desejamos podem não vir imediatamente, mas o simples fato de nos colocar a caminho do que queremos já nos traz uma poderosa sensação de bem-estar. É o sinal inconfundível da presença da coerência em nossas vidas!

Assim como ocorre com muita gente, também aconteceu comigo. No início de minha carreira passei por grandes dificuldades e muitas situações que não me traziam qualquer prazer. Precisei abrir mão de muitas coisas que faziam sentido para mim para investir na profissão que desejava. Entretanto, após passar alguns anos, percebi que tinha entrado no piloto automático e que continuava a aceitar certas situações que não faziam sentido, muito mais pelo costume de aceitar do que por necessidade de fazer isso. E o preço pago começou a ficar impagável: desmotivação para trabalhar, desânimo para fazer coisas que eram comuns de serem feitas, além de cansaço constante. Cheguei a pensar que estava em depressão. Foi quando algo aconteceu...

Resolvi, após uma meditação que acalmou minha mente, fazer uma revisão de como andava minha vida e minha satisfação comigo em relação às várias áreas que me rodeavam. Foi um grande choque! Estava me dando notas baixas em quase tudo que eu estava fazendo, pois tinha me acomodado em fazer coisas que me deixavam muito distantes de meu propósito de vida. Foi quando resolvi mudar!

Não foi fácil. Eu tinha medo que pudesse perder clientes se dissesse "Não" para algumas propostas e me negasse a participar de determinados projetos. É que fazer parte de alguns desses projetos não me dava alegria. Participava apenas pela necessidade financeira, mas isso me matava por dentro. Mas mesmo com muito receio, tomei uma decisão profissional de grandes implicações: apenas me comprometeria com projetos que estivessem alinhados com minha missão, recusando todos os demais, por mais que perdesse dinheiro ou oportunidade de aparecer para o mundo dos negócios na área na qual atuo.

Repito que no início não foi nada fácil agir assim, pois tinha medo de que me faltassem recursos e que isso me prejudicasse muito. Mas com o passar do tempo, fui percebendo que ao tomar a decisão de me alinhar com minha missão, estava dizendo para a Matriz como queria viver e, dessa forma, ela começou a me enviar pessoas e oportunidades de negócios maravilhosos, alinhados com o que eu desejava. Demorou um pouco para que o resultado almejado ocorresse. Era como se a Matriz quisesse realmente saber se eu estava imbuído desse objetivo ou se era apenas fogo de palha!

Inicialmente, deixei de ganhar algum dinheiro e mesmo de ter facilidades materiais de outras ordens, mas a paz que passei a sentir por ter tido coragem de respeitar o que minha alma pedia, não tem preço. Mais do que nunca é muito evidente que quem faz escolhas, sejam na vida pessoal ou profissional, baseado no medo da perda, em vez de alinhar-se com o caminho que faz sentido para sua existência, sempre será escravo de si mesmo, ainda que não se dê conta disso. Quem pensa assim espera mudanças de fora para dentro. Dizem que quando "X" acontecer, farão o que gostam, que quando "Y" ocorrer, terão mais coragem para viver da maneira como querem. O problema é que na maior parte das situações, essas pessoas morrerão sem que "X" e "Y" aconteçam. Pois para "X" ou "Y" acontecer, é necessário que haja uma mudança de postura interna. O currículo interno precisa mudar. O padrão de pensamento necessita se adequar ao que se deseja viver. Sabemos que não é muito fácil, mas vale muito a pena pagar para ver.

EXERCÍCIO:

Pare um pouco e pense no currículo interno que está construindo dentro de você, ou dizendo de outra maneira: quais são os valores essenciais e condutas que você deseja cultivar enquanto vive, independentemente do que lhe aconteça? Tenha certeza de que ao ter um bom currículo interno e respeitá-lo, sua vida vai lhe proporcionar grandes alegrias!

07

Paciência. A Ciência da Paz!

> A mente está em seu próprio lugar e em si mesma.
> Pode fazer um céu do inferno, um inferno do céu.
>
> *JOHN MILTON*

TEMOS FALADO MUITO A RESPEITO dos caminhos que nos levam a uma existência mais harmoniosa, trabalhando a congruência entre o que desejamos ser, quem estamos sendo e como linkar esse importante ponto com o exercício de nosso papel no mundo. Até aqui, estudamos casos, compartilhamos experiências e estipulamos metas, desafios para que pudéssemos enfrentar nossos receios com maturidade e sair em direção à construção sólida de uma existência repleta de significado. Agora, gostaria de ponderar um pouco sobre uma virtude muito importante, que necessita ser cultivada em qualquer estratégia que tenha chance de funcionar. Refiro-me à paciência! Você já parou para pensar nos múltiplos benefícios que a paciência nos oferece?

Paciência – A Ciência da Paz

ONDE MORO, HÁ MUITAS ÁRVORES E FLORES. É um lindo lugar, repleto de ar puro, natureza exuberante e aprendizagem. Aprendo muito observando os animais e a natureza que me rodeia. A cada dia uma nova lição, um novo presente. É como se o Criador tivesse colocado ao nosso dispor todas as lições que precisamos aprender para sermos felizes, bem ao nosso lado, de forma tão simples que acabamos por não enxergar.

Das inúmeras árvores que me rodeiam, há duas que florescem apenas uma vez por ano. São os Ipês amarelos. Essas árvores têm em torno de 15 metros e muitos galhos que durante praticamente 10 a 11 meses por ano ficam com folhas. Em apenas poucas semanas por ano as folhas caem e dão lugar a lindíssimas flores amarelas que dão nome ao Ipê. Essas flores são muito bonitas e são arrancadas dos galhos pelo vento e por passarinhos que as bicam. É um espetáculo muito lindo! O gramado ao redor fica coberto pelas flores amarelas, em um cenário digno de cinema. Durante esse curto período, é possível observar a beleza dos Ipês amarelos. Mas logo em seguida as flores somem e apenas no ano seguinte elas retornarão.

Quem ama esse momento necessita compreender que existe um tempo certo de maturação para que as árvores floresçam. Assim como acontece com todos nós. Não adianta eu discutir com as árvores, ameaçá-las ou ficar triste porque elas apenas florescem uma vez por ano. Elas têm seu próprio tempo, seu próprio ciclo e vão segui-lo, goste eu ou não.

Com as pessoas ao nosso redor e com as muitas conquistas que almejamos, acontece a mesma coisa. Muito embora desejemos que algumas mudanças ocorram rapidamente, que as pessoas transformem sua maneira de pensar ou que nossos filhos aprendam logo da primeira vez alguma lição importante, cada um terá seu tempo de maturação. Podemos brigar, ficarmos ansiosos e de nada adiantará. Cada ser na vida ocupa seu espaço e caminha em seu ritmo.

E como não sabemos esperar, acabamos por interromper o tempo certo de cada coisa, impondo a urgência de nossas expectativas e assim interferindo, nem sempre de forma harmoniosa, no processo que se desenrola em cada situação. Saber esperar é uma arte muito refinada. Quando falo "saber esperar" é porque normalmente não sabemos a maneira equilibrada de esperar por algo que desejamos e, sem nos darmos conta, enviamos aquelas mensagens confusas para a Matriz Divina, na qual estamos conectados.

Ter paciência é compreender que existe "um fazer" na arte de nada fazer. Quando sabemos esperar, aprendemos a arte do "não fazer", "a divina arte de saber esperar" e, agindo assim, dizemos ao universo que respeitamos o tempo de maturação de nosso desejo e que enquanto ele não se manifesta no mundo concreto, nós já o celebramos em nosso mundo íntimo, com tal confiança que não há nenhuma dúvida que, muito em breve, ele se mostrará no mundo material. No *TAO TE CHING*, livro sagrado do Taoísmo, Lao Tsé chama essa percepção de A Arte de nada fazer, e durante toda sua obra maravilhosa ele procura nos sensibilizar para adotarmos essa refinada habilidade.

Um bom exemplo desse processo ocorre no processo de gestação. Após a concepção, a mãe não pode fazer nada além de se cuidar para que o processo de criação da vida se perpetue dentro de seu ventre. É uma espera de alguns meses para que o resultado esperado venha. Mas mesmo sem ver a criança, assim que se sabe da gravidez, os pais, amigos e familiares já curtem a ideia de mais um ser que virá a este mundo. Eles comemoram, se parabenizam e, vejam só, a criança nem nasceu! Mas a plena certeza da alegria que ela trará ao nascer já permite que essa energia seja sentida mesmo antes que isso aconteça. É um ótimo exemplo de como saber esperar. E, quando tudo corre conforme a expectativa, a criança nasce proporcionando uma grande felicidade.

Compreender que há um *timming* para que todas as coisas que desejamos possam acontecer é muito importante para o ser humano que está aprendendo a mudar de dentro para fora. Pois aqui enfrentamos um elemento muito presente em nossa cultura: a ansiedade! Se queremos algo e ficamos muito ansiosos, é muito provável que nossa atenção aos detalhes importantes diminua, além de ficarmos inquietos com uma forte turbulência mental, totalmente sem utilidade, mas que tirará nossa paz até que o que desejamos ocorra.

Essa mensagem da ansiedade para o Campo Quântico é muito negativa. É como se desconfiássemos de que o que desejamos não acontecerá. Então o Campo, que sempre nos envia mais do mesmo que enviamos, provavelmente dará mais situações que nos tragam ansiedade. Percebe que ciclo vicioso complicado?

Quando tomamos decisões de maneira equilibrada e confiamos no tempo de cada coisa, experimentamos uma paz interior, pois essa paciência de saber esperar não é uma paciência passiva, preguiçosa. É uma paciência sábia, harmoniosa. É a paciência de quem fez sua parte e que agora confiará na gestação do tempo para a concretização do que almeja.

Saber esperar é uma pérola de sabedoria, fruto da autoobservação e da perfeita leitura da nossa relação com os sinais que a vida nos envia para nos mostrar se estamos ou não alinhados com nossa missão.

Buda ensinava que tudo na vida é impermanente, a não ser a passagem do tempo. Portanto, se apegar a algo em determinado momento seria pouco sábio, já que tudo se modifica a todo instante. Pessoas pacientes, de alguma maneira, respeitam esse princípio. Elas entendem que viver cada momento se conectando com o que ele oferece é uma forma maravilhosa de abundância e de enviar uma mensagem para o universo que, enquanto o que tanto desejam não ocorre, ainda assim é possível desfrutar harmonia da passagem do tempo até que chegue a hora sonhada.

Já na Bíblia, no Livro do Eclesiastes, no capítulo III, há um belíssimo texto em que a passagem do tempo e a sua devida percepção é muito respeitada. Lá se afirma que "...Há para todas as coisas um tempo determinado..."!

Podemos assim deduzir que provavelmente há um tempo certo de entrar em uma experiência afetiva e, muitas vezes, um tempo certo para sair. Há um *timming* para entrar em um investimento e um momento certo para sair dele com lucro ou evitando maiores prejuízos. Há um momento de iniciarmos algo e o instante de vermos o retorno. Saber esperar, definitivamente é uma arte.

Max Gunter, um jornalista norte-americano, passou boa parte de sua vida escrevendo sobre mercados financeiros. Pesquisou estratégias de operadores muito bem-sucedidos da bolsa de Nova

York e escreveu inúmeras obras de sucesso, dentre elas, o mítico *Os Axiomas de Zurique*. Em toda sua obra, Gunter afirma que a maior virtude dos operadores da bolsa é saber quando entrar em um investimento e quando sair dele. Tudo se resume a isso. Todas as técnicas, ferramentas e análises se resumem a esses dois pontos: saber quando começar algo e quando terminá-lo. Poderíamos parafraseá-lo dizendo que tudo se resume a saber ter a paciência para esperar a hora certa de iniciar um investimento e saber esperar a hora certa de sair dele. Paciência é uma virtude que, além de tudo, tende a nos deixar ricos! Definitivamente não vale a pena ser uma pessoa nervosa, cultivando a ansiedade em seu dia a dia.

O Momento Certo

Há um momento certo para tomarmos determinadas decisões. Se perdermos esse momento, algo não funcionará conforme o esperado. É assim quando cozinhamos. O ponto de cozimento do arroz é diferente do feijão. Não adianta querermos que o feijão cozinhe no mesmo tempo do arroz. Ele acabará ficando duro. Mas, por sua vez, se deixarmos o feijão ou qualquer outro alimento mais tempo que o necessário no fogo acabará queimando.

Tudo na vida tem um tempo certo. Precisamos ter paciência para esperar que esse tempo se processe. Nossa ansiedade para que tudo se resolva logo acaba nos prejudicando muito e nos tirando muito do prazer de viver. A pressa de querer tudo muito rápido se torna muitas vezes inócua e perigosa. Lembra-se da última vez que algum motorista se apressou, fazendo ultrapassagens perigosas e acabou sendo obrigado a parar no sinal vermelho? De que adiantou tanta pressa e correr tanto risco?

Cuidado, cada conquista tem seu tempo. Verifique se você não está perdendo esse *timming*. Se nos acomodamos, não somos pacientes. Somos preguiçosos, o que é bem diferente. Habituamo-nos a situações que nos incomodam e não estão alinhadas com nossa missão. Isso é muito prejudicial. A mensagem que passamos para a Matriz da Vida é que aceitaremos qualquer resultado que o futuro nos trouxer, afinal, nada fazemos para mudar o curso dessas situações incômodas, pois nos acomodamos. Definitivamente acomodação não é sinônimo de paciência!

Quando somos pacientes, esperamos o resultado porque já fizemos o que nos cabia. Fizemos nossa parte. Agora só nos resta esperar. É como no caso de quem faz pão. Ao fazer a massa, misturando os ingredientes e acrescentando o fermento, somente resta aguardar para que o mesmo faça a massa crescer. Essa espera é a paciência em ação, pois sua parte já foi feita.

Compreender esse conceito é muito importante. Muitas pessoas sofrem porque estão acomodadas em suas queixas, esperando que o mundo mude enquanto elas não mudam. E, definitivamente, o mundo não mudará. Você receberá da Matriz da Vida o mesmo que você cria. Recorda-se do Universo Participativo? Por sua vez, já há pessoas que sofrem muito por serem ansiosas. Não sabem esperar. Não confiam na vida e no tempo de cada coisa. Estão sempre tensas e inseguras. Sempre estão correndo ou apressadas. Não saboreiam a vida, pois sempre estão com a mente agitada. Da mesma forma, ao enviarem essa mensagem conturbada para a Matriz da Vida, apenas receberão mais agitação. Basta você observar ao seu redor e verá que é exatamente assim que tudo funciona!

Portanto, avalie como anda sua relação com suas metas e suas ações para cuidar do que é importante para você.

A Impaciência na História

Observando a história humana, fica fácil perceber como a busca por poder, sexo, dinheiro e reconhecimento social sempre marcou a vida de muitas pessoas e de praticamente todas as civilizações. E após aproximadamente cinco mil anos de história conhecida, concluímos que esse modelo de viver falhou. Definitivamente não nos fez mais equilibrados ou felizes, muito embora tenha nos oferecido inegavelmente grande evolução em várias áreas, tais como um significativo aumento em nossa expectativa de vida, desenvolvimento nas ciências, além de melhorar de forma profunda o conforto material que temos. Mesmo o mais antigo rei do passado não tinha água potável, esgoto tratado ou luz elétrica à sua disposição.

O dinheiro pode comprar muitas coisas e isso é inegável! O poder pode trazer a doce e amarga ilusão da onipotência, ainda que efemeramente. Desfrutar sabores da sensualidade pode ser inebriante tentação e ser ovacionado pelo meio onde vivemos pode massagear profundamente nosso ego. Mas nos mais profundos desafios da vida, quando somos confrontados por nossos fantasmas, capitaneados pelos medos de tantas coisas, é a mente serena, o coração em paz, o amor que rodeia e a conexão com uma Força Maior que nos guia de maneira segura ao próximo passo.

Nem o dinheiro nem o poder, muito menos o sexo e a aceitação de outras pessoas, é capaz, por si só, de desvendar e alimentar um estado de espírito de paz e liberdade existencial, apenas alcançado quando nos harmonizamos com o que faz sentido para nossas vidas. Ter paciência para identificar seus valores mais caros e cuidar deles em sua forma de viver, nas escolhas que se faz, é um pressuposto muito importante para se harmonizar com as leis da existência.

Tente recordar-se das vezes que passou por bons momentos, instantes inesquecíveis pela imensidão da paz que nos proporcionaram, pela alegria que nos ofertaram, pela sensação de liberdade que tivemos. Pode ser uma viagem, um sonho, um abraço, um beijo, uma lembrança, um pedido de desculpas ou, quem sabe, o despertar de um grande amor. Procure em sua memória, algo que lhe conduza às suaves paragens da tranquilidade, verdadeiro trajeto para alcançar os venturosos "campos elísios", vivenciados na intimidade da nossa consciência. É muito bom recordar e reviver os momentos agradáveis, não é? Pois bem, perceba que no meio dessas recordações, muito provavelmente há dentro de si uma sensação de suavidade, de leveza. Procure armazenar essa mensagem com muita exatidão, de forma que ela não se apague. Transforme-a em referência abençoada, a qual você possa acessar todas as vezes que precisar, em todas as ocasiões em que perder a paciência, a ciência da paz. Desse modo, você jamais esquecerá que é capaz de alcançar o estado de paz e começará a sentir-se em paz!

Estarmos informados de que somos capazes de fazer algo não é o suficiente. Sentir que somos é que faz a diferença. O que quero dizer é que sem a paciência somos impulsivos, nos entregamos a atitudes equivocadas, irresponsáveis em alguns momentos. Tais equívocos podem nos furtar a preciosa paz que tanto valorizamos. Sem ela, estejamos em casa, no trabalho ou qualquer área de atuação, agiremos de maneira a cultivar a ansiedade. Os anseios bem dosados podem ser saudáveis, pois nos alertam e estimulam os raciocínios. Porém, a dose exagerada, neste caso, como em tudo, costuma ser letal!

Olhe ao seu redor: quantas pessoas bem-sucedidas e verdadeiramente harmonizadas você conhece e que, entretanto, não conseguem cultivar a serenidade nos momentos difíceis, que não sabem esperar o momento certo para agir e que precisam domar seus instintos mais fortes? E você, está disposto a investir na construção desse estado mental, que vigora a alma, abre os canais da intuição e nos aproxima da nossa plena capacidade de utilizar nossa riqueza de recursos interiores que, usualmente, ficam adormecidos?

Por Fim...

Por fim, saber quando fazer algo é muito importante. Mas compreender como esperar para que tudo aconteça na hora certa é essencial. Ser ágil e pensar estrategicamente é uma grande virtude, mas manter-se sereno e confiante na sabedoria de cada momento é libertador.

Viver nossa missão alimenta nosso espírito e ajuda outros a terem coragem de fazer o mesmo. Nós já falamos algumas vezes sobre isso. Agora, quando somos capazes de estar alinhados com uma forma de viver congruente com o que desejamos e sustentamos pacientemente essa certeza em nossa intimidade de que tudo dará certo, sem dúvida, damos um grande salto existencial e em nosso nível de consciência.

Saímos do nível de consciência da busca da sobrevivência e passamos a viver no nível de consciência da certeza da felicidade. É um modelo totalmente novo, um paradigma muito diferente. É como se mudássemos de planeta e começássemos a descobrir as infinitas possibilidades em viver dessa maneira.

Mas até para chegar a esse nível precisamos ter paciência conosco, necessitamos esperar pelo tempo de nossa maturação, nos dar tempo para caminhar, para se equilibrar, para harmonizar com a vida que temos e com quem já nos tornamos.

Tenha paciência, pois dominando essa "ciência da paz", certamente você alcançará tudo que deseja e, muito provavelmente, muito mais!

EXERCÍCIO:

Faça uma lista de todas as situações em sua vida nas quais você acha que precisa ter paciência para que tudo dê certo e de determinadas situações em que precisa sair da zona de conforto e agir, para não perder o *timming* da atitude que precisa ser tomada!

08

Motivação: O Combustível das Realizações

Se um homem não descobriu algo por que morrer,
ele não está preparado para viver.

MARTIN LUTHER KING JR.

COMENTÁRIO: GOSTO DE PENSAR NA MOTIVAÇÃO como sendo o porquê de fazermos o que fazemos. É ela a razão que nos mantém em um sentido e não em outro. É a fonte de energia que nos renova para lutar mesmo quando pensamos em desistir. A Motivação está na raiz de todas as realizações. Por isso é muito oportuno lhe perguntar: você é alguém que sabe se automotivar?...

Motivação: O Combustível das Grandes Realizações!

LEMBRA-SE DE QUANDO OUVIU DIZER que pessoas bem-sucedidas trabalham sempre alegres, mesmo tendo que lidar com os desafios do dia a dia, e que quando estamos em paz e felizes, tudo flui sem nos darmos conta da passagem do tempo? Pois é, sem dúvida alguma, quando isso acontece, estamos sob o saudável efeito da motivação. Estamos ligados a um estágio de consciência que nos permite acessar uma energia de realização maravilhosa que transforma qualquer atividade complexa em um processo mais simples e nos fortalece no foco que elegemos para alcançar!

Quando estamos motivados, não há tempo ruim. Por isso é tão importante pensarmos com carinho em como nos motivamos e cuidamos dessa energia em nossas vidas. Quem ignora essa realidade, normalmente se vê em dificuldades, pois tão logo certo entusiasmo sem raízes profundas se perde e o que antes parecia muito importante passa a não sê-lo mais, pois o combustível motivacional vai cessando e não vai sendo reabastecido.

Quem está motivado tem um ingrediente a mais de grande relevância para alcançar seus objetivos! E quem não está motivado sabe das dificuldades psicológicas que enfrenta para dar o mais simples passo em direção à conquista de uma meta.

O fato é que não adianta termos na garagem um belíssimo carro, sermos exímios motoristas, ainda mais se o veículo não tiver como andar por falta de combustível. Da mesma maneira, há pessoas que são brilhantes, tem ideias sensacionais, são excelentes conselheiras para resolver os problemas alheios, de sua família e até dos amigos, mas não conseguem sair do lugar quando se trata de resolver suas próprias questões.

É chegada a hora de começarmos a nos questionar sobre quais são nossas fontes motivacionais, os recursos com os quais podemos contar em momentos difíceis, que nos levarão adiante, apesar das pedras do caminho. Vale lembrar que estar ou não motivado pode ser a diferença entre desistir ou não de um foco que já pode ter lhe tomado muita energia. Poderá vir a ser o "fiel da balança" ao iniciar projetos arrojados que demandem tempo e paciência para se concretizar.

Quais são suas fontes motivacionais? Quais são os recursos dos quais se utiliza para ficar motivado(a)? Se a resposta for algum fator externo, tome muito cuidado, pois fatores exógenos, como dinheiro, elogios, clima, roupas, condição física, carros ou status, são situações perecíveis e fora de nosso controle. Em um momento podemos estar saudáveis e com dinheiro. Em outro, podemos estar com sérios problemas de saúde e pedindo dinheiro emprestado. Nem sempre encontramos pessoas que reconhecem o que fazemos e, não raro, para obter-se o reconhecimento, demanda algum tempo no esforço contínuo. O mais indicado é que construamos nossa estrutura motivacional em fatores emocionais internos, endógenos, ainda que aproveitemos o que o mundo físico tem a nos oferecer! Ao modificarmos nossa postura mental, tendenciosamente pessimista, para uma atitude mais positiva frente aos problemas, experimentamos uma sensação mais agradável e construtiva que poderá vir a ser determinante na hora de vencer um desafio.

Resumindo: mesmo tendo uma boa condição econômica e uma boa saúde, precisamos saber que o que realmente nos motiva são nossos objetivos de vida, nossos valores mais caros, que ao se conectarem com o que a vida fisicamente nos oferece, tornam tudo mais especial. Podemos usufruir de tudo, mas sem ter o apego de que dependemos de algo.

E você, neste atual momento de sua vida, o que tem feito para se motivar a fim de alcançar suas metas? Você tem algum plano motivacional ou simplesmente vai vivendo sem ter um plano específico?

Sem dúvida, quem tem um bom plano de ação nesse sentido está aproveitando bem mais de sua motivação. Quem se planeja e cuida de suas fontes motivacionais tem muito mais acesso a elas, com consciência e não como fruto do acaso, como acontece com muitas pessoas. Deixe-me dar alguns exemplos:

Se para se motivar você necessita de um tempo para descansar, fazer suas preces, ler um bom livro, brincar com seus filhos e se divertir com seus animais de estimação, certamente não vai deixar que uma agenda abarrotada lhe afaste desses instantes. Assim sendo, mesmo com uma vida agitada, você vai manter seu contato com suas fontes de motivação, como um veículo o faz ao reabastecer no posto de gasolina!

Agora imagine uma pessoa que goste de algumas coisas, mas que não se planeja para se "reabastecer" constantemente. Em determinados dias, até se permite uma coisa ou outra, mas nada além de aproveitar o acaso. É bem provável que sua rotina consuma toda sua atenção e essa pessoa vá se envolvendo em situações que lhe tragam preocupação, estresse e falta de foco para cuidar de si mesma. Nesse cenário, as fontes motivacionais são as últimas a serem lembradas. E quando são lembradas, normalmente o indivíduo já está cansado, desmotivado e, às vezes, até infeliz! É como uma pessoa que somente vai ao médico quando está doente.

No caso de quem cuida de suas fontes motivacionais exatamente para ficar mais tenso e preocupado do que precisa é semelhante a alguém que faz um checkup preventivo. Assim se previne contra os males que a falta de motivação nos traz.

Naturalmente, esse é apenas um pequeno ângulo da motivação e de como devemos estar atentos a ela. Continuemos nos aprofundando!

A palavra motivação é uma junção das palavras motivo + ação, e implica em motivo para uma ação. Quem está motivado tem um motivo forte para se manter no foco, para se reenergizar, para não desistir mesmo em momentos complicados. Ter consciência, portanto, dos motivos verdadeiros que nos movem vai fazer toda a diferença. Muitas vezes iniciamos um projeto, investimos em uma meta, mas nos falta gás para continuar porque, na verdade, a raiz da meta não ficou clara. Raiz da meta é o verdadeiro motivo que nos leva a fazer o que fazemos. A verdadeira motivação vem daí.

Imagine que alguém diga que quer viajar, pois está muito cansado. Se essa pessoa realmente quiser, viajar, é importante saber qual a raiz desse objetivo. À princípio, parece o descanso, mas podemos, após investigar mais a fundo, descobrir que na verdade essa pessoa deseja é sentir-se mais livre, em paz e não apenas descansar. Portanto, se ela viajar, mas ficar presa a passeios turísticos ou qualquer outra forma de "prisão" na qual não possa gerenciar suas escolhas, é bem provável que não se sinta bem, pois embora a meta tenha sido alcançada, o verdadeiro motivo que a alimentava não foi. Resumindo: além de termos nossas metas, precisamos nos certificar quais são suas raízes!

No *Coaching*, muitas vezes os clientes apresentam queixas sobre sua vida profissional. Alguns chegam tensos reclamando que estão estressados, dizendo que querem mudar de área, pois a angústia é grande. Nesses casos, a primeira coisa que fazemos é identificar o que realmente está acontecendo por trás da situação apresentada. Queremos descobrir o que realmente está gerando esse incômodo. É a esse verdadeiro motivo que chamamos de raiz, pois muitas vezes como uma raiz de alguma grande árvore, essa causa se encontra bem escondida no inconsciente humano.

Vamos supor que a razão desse incômodo seja desmotivação pela ausência de desafios, devido a uma intensa rotina que dura muito tempo e não traz qualquer novidade. Se realmente constatarmos que o fato é esse, podemos ajudar essa pessoa a melhorar sua rotina, mudar sua relação com a forma como enxerga o trabalho ou até mesmo montar um plano de transição de carreira.

Mas se ao investigar mais profundamente descobrirmos, por exemplo, que a verdadeira razão é causada pelo fato de haver problemas de relacionamento com o chefe, então buscaremos outra forma de trabalho para ajudar nosso personagem a resolver sua situação. Nesse caso, ao resolvermos esse problema, a vontade de trocar de carreira passa. O que desejo demonstrar é: nem sempre o que dizemos a nós mesmos sobre os nossos problemas são o verdadeiro motivo de estarmos como estamos.

Da mesma forma que temos dificuldades para identificar a raiz de alguns problemas, nem sempre encontramos facilidade para encontrar as verdadeiras raízes que nos motivam.

Ter clareza do que realmente nos motiva a fazer uma coisa é muito importante! No exemplo acima, se o cliente não for bem orientado, ele poderá abandonar uma carreira ou mesmo trocar de emprego, quando na verdade a solução do problema poderá passar por outro caminho. O mesmo ocorre quando achamos que sabemos o que nos motiva, mas na verdade não sabemos.

Saiba o que quer e por que realmente você quer! Descubra os reais motivos que levam você a fazer o que faz. Pode começar se perguntado: "Se eu conseguir esse objetivo, o que ganharei?" ou "Qual o sentido de lutar para conquistar essa meta?". Ao responder a essas questões, teremos boas pistas de qual a verdadeira raiz, ainda que em alguns casos você tenha de repetir as perguntas algumas vezes, "descascando" a resposta até chegar à raiz, que normalmente é algo que nos faz muito bem.

Lembre-se de que motivação vem da ideia de que precisamos ter motivos fortes para sustentar uma ação. Nietzsche disse certa vez que "....se temos um porquê, podemos suportar qualquer como!". Lembre-se: vejo a motivação como sendo o porquê de fazermos o que fazemos. É ela a razão que nos mantém em um sentido e não em outro. É a fonte de energia que nos renova para lutar mesmo quando pensamos em desistir. A Motivação está na raiz de todas as realizações. Ela é os "porquês" de nossas ações.

Espero, portanto, que você encontre todos os seus porquês!

A Busca do Significado no Que Se Faz!

Quando falamos sobre missão e a importância de nos alinharmos a ela, naturalmente falávamos do assunto motivação, paralelamente. Quem se identifica com o que faz porque tem um bom motivo, ainda que enfrente situações desfavoráveis, sempre estará motivado. Um atleta de alto nível que sacrifica finais de semana e feriados pelo treinamento, afastando-se em vésperas de competições de festas ou outras diversões, certamente não faz isso porque quer. Faz isso porque precisa, a fim de alcançar sua meta maior que é ser campeão.

Quem está alinhado com sua missão, aceita pagar o preço pelo que deseja. Lutar para ser campeão é "o porquê" que justifica "o como", ou seja, o seu duro treinamento. Quando temos essa consciência, não nos apegamos às dificuldades que passamos em muitos momentos, mas nos fixamos nos ganhos em uma perspectiva mais ampla que teremos a seguir. O foco não fica na dificuldade experimentada no momento presente, mas no benefício futuro.

A mesma coisa se dá com quem faz um regime. Abrir mão de alimentos gostosos com os quais se está habituado não é prazeroso, mas o prazer maior de se sentir saudável, com o corpo almejado, traz a motivação para passar pelos instantes desafiadores. Como muitas pessoas perdem o foco do que querem no futuro, acabam cedendo às tentações do presente. Por isso, por vezes, aconselha-se que todos deveríamos ter estímulos visuais ou auditivos do que desejamos, a fim de nos mantermos ligados no futuro ao qual estamos investindo para chegar. Sob esse aspecto, nesse exemplo, não seria nada anormal que alguém que faz regime tivesse em seu quarto fotos de pessoas com um corpo semelhante ao que deseja ou imagens de uma praia que a pessoa que ir usando as roupas de banho, sem ter vergonha de sua silhueta, ou mesmo vídeos e filmes que retratem uma realidade motivadora do ganho desejado.

Agir assim é pensar sistemicamente, compreendendo que a motivação é uma resposta específica e imediata da junção de uma série de fatores, que interligados alimentam a motivação dentro de nós! Ter essa maturidade de ver sistemicamente é fundamental para se aumentar o patamar motivacional. Quem está desconectado de sua missão, fazendo coisas sem muito sentido, apenas para cumprir obrigações e sem se automotivar, por mais que tente, dificilmente se sentirá entusiasmado de forma intensa, afinal, "o porquê" não está claro!

Busque significado no que você faz. Encontre o benefício de fazer o que faz e veja aonde essas atividades lhe conduzirão em um prazo mais longo. Se fizer isso com frequência, aprenderá a se automotivar mesmo quando não houver tanto prazer nas tarefas que for realizar. Lembre-se que motivação vem de motivo para uma ação e não de prazer para uma ação.

Fazer essa diferenciação é relevante, pois nem sempre podemos escolher fazer aquilo que queremos, e para termos acesso ao que desejamos, necessitaremos nos motivar, ainda que não haja muito prazer. É um conceito um pouco diferente do habitual, mas reflitamos juntos para ver qual seu fundamento. Imagine uma pessoa que se levanta de madrugada, toma conduções lotadas para chegar ao local de trabalho, para ao final do mês receber um salário mínimo e trabalhar em uma atividade da qual não gosta. E mesmo sem gostar, jamais faltou um dia. Em sua opinião, essa pessoa está ou não motivada? Com absoluta certeza, está sim! Ela pode não estar satisfeita, feliz, mas motivada está, afinal ela tem um motivo tão forte que a leva a ser disciplinada em algo desconfortável. Se não falta e submete-se ao que deseja, é sinal que há um motivo muito forte que lhe dá forças para seguir adiante. A questão, portanto, não é tão somente estar motivado, mas se a motivação está ou não congruente com sua missão; se tem ou não pontos comuns com o significado que esse indivíduo deseja dar para sua vida.

É claro que, se pudermos estar motivados e satisfeitos, teremos uma situação ideal, mas nem sempre é possível. E por isso vamos deixar de lutar pelo que queremos, apenas porque há percalços no meio do caminho que não são prazerosos como gostaríamos? Lute por aquilo que fizer sentido para você. Um bom exemplo é o estudante que trabalha e estuda ao mesmo tempo, passa por situações complicadas no presente, precisa abrir mão de algumas coisas, mas por estar trabalhando na construção do seu futuro, vislumbrando aquilo que deseja conquistar através dos passos de agora, enxerga as dores momentâneas como pequenas pedras incômodas que o próprio tempo se encarrega de levar embora.

Em minha vida, lido com muitos desafios e são minhas fontes motivacionais que me mantêm fortalecido. Amo estar com minha família, amigos e brincar com meus cachorros. E não abro mão de meditar, constantemente, além de ter meus momentos de conexão profunda com Deus. E, claro, adoro praticar exercícios físicos, que além de me ajudar a ter uma saúde equilibrada, ainda me ajuda a me manter motivado. Aqui cito apenas exemplos pessoais.

Quando algumas vezes no passado me desliguei dessas fontes, sempre me dei mal. Fiquei cansado, desanimado e por vezes até triste e irritado. E sempre que analisava o que estava ocorrendo, identificava que além do problema em questão que me incomodava, havia fontes motivacionais que deixava de lado. Foi então que passei a levar muito a sério a ideia de me planejar para sempre estar perto do que me abastece motivacionalmente. É importante você descobrir do que necessita e realmente começar a cuidar disso!

Fico muito feliz ao perceber o mundo dos negócios, outrora considerado frio e calculista, se abrindo para o desenvolvimento de programas motivacionais. Os resultados financeiros podem ser mensurados mais de imediato nos benefícios que essa conduta oferece. Isso sem contar o bem-estar que os funcionários passam a experimentar ao sentirem-se prestigiados por suas instituições. A rotatividade é menor, a satisfação de ambos bem maior! Portanto, investir em sua estratégia motivacional, de certa forma, é investir em sua vida e na qualidade que deseja atribuir a ela. Não é interessante ser dependente de nada nem de ninguém. Na motivação, não é diferente. Cuidado com o que você elege para se motivar, pois o retorno poderá tardar e talvez não trazer o resultado esperado.

Podemos concluir assim: descubra um grande motivo e você será capaz de se manter firme na caminhada. Novamente, vamos recorrer à fala do filósofo alemão Nietzsche quando afirmava: "quem é capaz de ter um porquê, pode suportar qualquer como".

Conforme já mencionamos, vamos encontrar na história do pós-segunda guerra, o belo e estimulante exemplo de Victor Frankl, que viveu aos horrores de Auschwitz e fundou a escola de psicoterapia conhecida como logoterapia. Frankl tinha a certeza de que o que mais motivava alguém na vida não era o prazer ou o poder, mas seu desejo de significado. O que as pessoas mais desejam e estão até mesmo dispostas a dar suas vidas é por aquilo em que percebam significado. Todo ser humano, no seu mundo íntimo, deseja que sua vida tenha significado. Dessa forma, quando encontramos pessoas que sempre estão insatisfeitas com tudo, é possível descobrir que suas vidas carecem de motivação, pois têm uma carência ainda maior: carência de significado.

E você, que significado deseja dar à sua vida? Quando seu nome for uma simples lembrança na boca de pessoas que sobreviverão à sua morte, como deseja que elas se recordem de você? Não me refiro aqui à preocupação com a reputação, ou afetividade, mas com a mensagem que você deseja deixar ou não no mundo.

Pense a respeito. E da próxima vez que alguém lhe disser que deve se motivar para conseguir algo, é de bom alvitre se recordar que motivação vem da palavra motivo e não da palavra satisfação. Isso quer dizer que podemos estar motivados, imbuídos de forte vontade de realizar alguma coisa, mesmo sem estarmos satisfeitos, desde que vejamos um bom motivo para isso.

Eu sei que para algumas pessoas pode parecer difícil separar as duas coisas, mas é muito importante tentar fazê-lo. Às vezes, precisamos fazer coisas e passar por situações indesejadas para que possamos, no futuro, chegar aonde queremos. Podemos estar motivados, conscientes que estamos no caminho certo, ainda que, momentaneamente, ele não seja o mais satisfatório! E não importa se no passado a motivação não foi uma presença constante em sua vida. Importa o que vamos fazer com ela agora!

Portanto, quando traçar seu objetivos, e mesmo ao começar a mentalizá-los e interagir com a Matriz Divina, pergunte-se: o que realmente ganharei com essa meta? Que benefícios a concretização desse ideal vai me proporcionar? Saiba o porquê de estar buscando esse objetivo e tudo será mais fácil a partir daí.

A grande alavanca da motivação é quando aprendemos a nos automotivar. Isso acontece quando sabemos o que desejamos e temos consciência do por que queremos ao dizermos que desejamos! Dessa forma, em todos os momentos vamos alimentando nosso mundo inconsciente com mensagens de incentivo, filmes, leitura de livros e revistas que nos entusiasmam nesse caminho. O segredo está em viver tão intrinsecamente ligado à sua meta em sua mente que pareça até que você já a alcançou. Mas para isso ocorrer, você precisa desenvolver o hábito de seu automotivar!

A conclusão a que chegamos é simples, mas muito relevante: não importa o que aconteceu em sua vida até agora. Comece de novo e descubra a "verdadeira raiz" que lhe motiva em cada situação. Depois, alimente essa raiz da forma como puder. E procure manter-se em seu foco o tempo que puder. Com um pouco da paciência, a ciência da paz que estudamos anteriormente, certamente você terá resultados significativos!

Portanto, de hoje em diante: motive-se e seja muito mais feliz!

EXERCÍCIO:

Liste suas fontes motivacionais. Reflita a respeito delas. Descubra de onde retira sua motivação. Enumere as motivações externas e depois lembre-se de se educar internamente para ver significado em tudo o que faz!

Após fazer isso, pense em duas atitudes imediatas que pode tomar para tirar mais proveito dessa sua fonte. Por exemplo: quem fica motivado quando faz exercícios físicos, pode programar dois dias na semana para caminhar e até ouvir um iPod enquanto caminha. A ideia é potencializar aquilo que já é bom. Vamos lá!

09

Que Tal Acender Sua Própria Luz?

> Ao invés de brigarmos contra a escuridão é muito mais sensato acender nossa própria luz!
> *Allan Karcec*

COMENTÁRIO: QUEM NUNCA TEVE MEDO de alguma coisa? Quem jamais deixou de fazer algo importante por não acreditar em seu potencial ou pelo receio do que poderia ou não acontecer? Sejam reais ou imaginários, encarar que os medos fazem parte de nossa vida é fundamental. Somente assim poderemos compreender o que há por traz de cada medo e como é possível tirar o melhor proveito de cada um deles. E ainda mais importante que identificar, compreender e aprender com nossos medos e sermos capazes de acendermos nossa própria luz para enfrentá-los...

Quem Tem Medo da Própria Luz?

HÁ INÚMERAS COLOCAÇÕES QUE ME SURPREENDERAM quando as ouvi pela primeira vez. Mas poucas delas foram tão contundentes quanto a afirmação que temos medos de nossa própria luz. Confesso que foi muito difícil assimilar o que significava esse conceito em sua profundidade. Como assim ter medo da própria luz?! Eu ficava me perguntando: "Ora, ninguém vai ter medo da própria luz... As pessoas têm medo é da escuridão e não da própria luz...!". Era realmente complexo entender o que essa colocação queria dizer. Mas com o amadurecimento que somente o tempo é que capaz de nos oferecer, é impressionante como essa frase é verdadeira!

Quantas vezes ouvimos falar de pessoas que se acomodam em seus mundos, pouco fazendo para se libertar de velhos medos ou queixas, simplesmente por julgarem que não conseguirão ter êxito? Afirmam que seus problemas são muito grandes, quase invencíveis e inventam frases prontas e as alimentam, tais como: "pobre nasceu para sofrer..." ou "tem gente que nasceu com estrela, já os outros têm que se contentar com o que a vida dá...!".

Infelizmente, são pessoas que ficaram tanto tempo em contato com a escuridão que lhes rodeia, onde não conseguem enxergar sua própria capacidade de lutar, de fazer escolhas novas, diferentes das que têm feito, que se acomodaram em nada mais enxergar. Não enxergam sua própria luz, mas alimentaram sua escuridão. Em outros contextos ocorre a mesma coisa. Vejamos algumas situações:

1. Um rapaz há anos sempre troca de namoradas e é acusado de ser muito ciumento. Durante muito tempo se envolveu em problemas por sua possessividade e acabou afastando de si pessoas muito legais devido a esse grave distúrbio. Agora se encontra solitário e amargurado, queixando-se da vida e afundando-se no alcoolismo. Comporta-se como se fosse uma vítima. E é mesmo! É vítima de sua escuridão, pois não acendeu sua luz até agora.

2. Uma moça que nunca consegue se manter em um emprego, pois seus superiores afirmam que ela é insegura, que não tem opiniões firmes, que é acomodada e não se mostra de maneira pró-ativa. Para os amigos, mostra-se como azarada, sempre reclamando das empresas por onde passou, mas até então é incapaz de reconhecer que seu comportamento foi a causa de seu insucesso.

3. Um empresário que investiu todo seu tempo no seu trabalho. Esqueceu a família e os amigos e negligenciou até mesmo sua saúde. Hoje tem muito dinheiro, mas sente-se triste e doente. Culpa a vida e diz a todos que ninguém pode ter tudo ao mesmo tempo... Mas ignora que sua ganância excessiva é que o colocou nessa situação.

E os exemplos são muitos. Poderiam preencher o restante do livro com grande facilidade. Inclusive, tenho certeza de que você mesmo deve conhecer inúmeros casos de pessoas que poderiam ter vidas bem melhores que as que têm hoje, mas por escolhas erradas acabaram entrando em verdadeiros "buracos existenciais", sempre culpando alguém por suas derrotas ou mesmo culpando a si, mas sem atitude e energia para mudar o contexto no qual está inserido. Portam-se como vítimas indefesas dos acontecimentos. Em todos esses casos temos exemplos de pessoas que mantêm suas luzes internas apagadas. Seus pensamentos negativos sobre a vida e as dúvidas sobre sua própria capacidade acabaram gerando uma grande limitação e um senso de que nada de bom acontecerá. É nesse contexto que nascem muitos medos, muitas fantasias que nos aprisionam ainda mais à nossa escuridão e nos distanciam de desfrutar o poder de nossa luz!

Sabemos que não é nada fácil para ninguém passar pela vida. Cada um de nós sabe bem "onde o sapato aperta", como diz o ditado. E precisamos ter consciência que ninguém fará por nós o que nos cabe realizar. Duvidar de si mesmo não é uma estratégia mental inteligente, pois somente nós é que realmente podemos nos ajudar a sair de vários contextos problemáticos no qual estamos envolvidos. E essa questão não é nada nova.

Há quase um século era publicado nos EUA um livro muito importante da Dra. Dorothéa Blande com o título *Awakeandalive!*( ). Um belíssimo livro que falava da importância de acordarmos para a vida, para as perspectivas que cada dia nos oferece. Com dicas e relatos preciosos de pessoas que haviam superado momentos difíceis, o livro passou a ajudar milhares de leitores a refletir melhor sobre suas escolhas e como elas impactavam suas vidas.

A Dra. Blande afirmava que muitos seres humanos nasciam com uma tendência a uma espécie de autossabotagem, uma espécie de desconfiança crônica de si mesmo, de suas potencialidades, o que nos prejudicava muito a vencer os obstáculos do cotidiano e saber como desfrutar a vida. Era um desejo inconsciente que guiava essas pessoas a sempre fazerem as piores escolhas possíveis, a viver em uma gangorra existencial, hora em cima e hora em baixa na vida, sempre distantes de se sentirem confiantes para enfrentar seus problemas e seguir adiante. Essas pessoas, mais que as outras, teriam de fazer um grande esforço para não se entregar ao desânimo, à falta de autoestima e a ter uma vida medíocre.

E a única forma de fazer isso era tomando a decisão de acender a própria luz, de "dar um basta" a essa situação desfavorável e começar a traçar uma nova forma de viver que os levasse da autossabotagem à realização. Em seu livro, ela comentava sobre vários casos de pessoas que estiveram perdidas em seus medos e se libertaram rumo ao apogeu de uma vida iluminada. E essa libertação se deu pelas portas que se abriram após a tomada de decisão de não mais se entregar à preguiça, aos medos e à tristeza por fatos que não poderiam ser mudados. Era a hora de renascer das cinzas, como a mítica Fênix, e voar em direção ao infinito e suas possibilidades ilimitadas.

Para se fortalecer nessa tomada de decisão, faziam uso da fé, da conexão com Deus e da ideia de que uma Força Maior os guiava e protegia em meio a essa ascensão, além de se alimentarem de bons pensamentos, de conversas saudáveis, de ficarem perto de pessoas que já tinham uma forma de viver que elas queriam para si mesmas. Ao dizer que ascenderiam o seu interruptor interno, a luz da esperança, da autoconfiança e da coragem se acendiam, contrariamente à postura totalmente negligente que antes ali se encontrava.

E para despertar as pessoas desse sono profundo na própria escuridão, muitas vezes não é a simples tomada de consciência que acontece, mas um chamado poderoso e desafiador que a própria vida nos envia, colocando-nos frente a calamidades pessoais ou sociais que nos sacodem de nossa zona de conforto e nos obrigam a mudar nossa postura frente aos desafios para que possamos sobreviver.

As guerras, as constantes crises econômicas, os cataclismos naturais, como furacões, terremotos, tsunamis, enchentes, incêndios, além de graves epidemias, como a que vimos no caso da Varíola no século XVI ou da gripe espanhola e da AIDS no século XX, obrigam a população a acordar e interagir com a vida. Ou fazem isso ou morrem. Ou fazem isso ou assistirão às pessoas que mais amam perecer. Esses são exemplos em escala social. Mas temos nossas tempestades particulares, tais como: perda de pessoas queridas, perdas de emprego, problemas de saúde, problemas afetivos, problemas financeiros, decepções com pessoas que confiávamos, dentre outras inúmeras situações que nos chacoalham.

Após o impacto inicial causado por essas fortes crises, temos dois grandes caminhos que comumente escolhemos seguir: ou mergulhamos em um limbo profundo de dor, abandono e incerteza, nos entregando às intempéries do destino sem lutarmos contra nada, ou entramos em profundas fases de grandes "rupturas existenciais", momentos graves em que acordamos em nosso íntimo um gigante adormecido que assume nosso controle interno e se põe à frente das dificuldades, agindo, pensando e liderando situações de forma confiante, firme e segura. Algo que parecia impossível antes dos problemas acontecerem, mas que agora passa a ser real.

Na época em que a Dra. Blande publicou seu livro, vale lembrar que os norte-americanos enfrentavam a pior crise econômica da história, em 1929, com desemprego altíssimo e graves problemas sociais, além de um período entre guerras. Famílias inteiras atravessavam graves problemas financeiros e manter a autoestima nesse cenário realmente não era uma missão fácil. Mas a vida precisava continuar e foi assim que muitas pessoas passaram a despertar para a grandeza de sua própria existência, mesmo em meio a graves situações do cotidiano. Era natural que em uma era entre guerras e com desemprego recorde, que as pessoas experimentassem um medo arrebatador do futuro, questionando sobre a real possibilidade de poder sobreviver em meio a tudo isso.

Em 2004, quando mais de 300 mil pessoas perderam suas vidas no pior Tsunami registrado na história recente que assolou parte da Ásia, muito heróis surgiram em meio à desolação e tristeza, ajudando a buscar por sobreviventes, cuidar dos feridos e, logo em seguida, reconstruir as comunidades duramente afetadas pela tragédia. Do medo, caminharam rumo à luz. Um verdadeiro despertar, um renascimento, um ressurgir extraordinário, demonstrando como a raça humana pode ir além de seus medos quando colocamos nosso foco nesse sentido.

Exemplo semelhante vimos no Japão em 2010, quando outro tsunami devastou parte do litoral japonês, levando milhares de vidas e deixando um rastro de destruição de bilhões de dólares. E em menos de um ano do acontecido, muitas das estradas duramente afetadas e/ou destruídas haviam sido reconstruídas. Assim como após o fim da Segunda Guerra Mundial, quando o Japão estava arrasado, mais uma vez sua população nos deu um exemplo de aonde a superação pode levar o ser humano quando ele se deixa guiar por sua luz, superando o medo e a incerteza.

Vendo como nossa humanidade tem "funcionado", somos forçados a dar crédito às afirmações feitas pela Dra. Blande. Mas lembremo-nos de que também podemos desfrutar nossa luz e renovarmos nossas esperanças sem que graves problemas ou catástrofes se abatam em nossos dias.

É preciso que despertemos de nosso sono profundo e acordemos para nosso poder de construir realidades quando realmente colocamos foco no que desejamos e não no que não queremos. É hora de descobrir e alinhar-se com seu propósito de vida. É hora de despertar seu gigante adormecido e seguir adiante, errando e acertando, mas acima de tudo vivendo. É hora de começar a viver mental e emocionalmente na faixa vibratória da vida que você almeja. Lembra-se da Teoria do Universo Participativo? Pois é, cabe a cada um de nós cocriar suas realidade, e tudo começa com um alinhamento profundo de quem desejamos nos tornar e quem estamos sendo.

Não tenha medo de mudar para melhor. Não tenha receio de despertar sua luz, superar seus medos e tentar viver da forma como sua alma se sente mais livre e feliz. Confie que o Universo lhe abençoará se você iniciar seu processo de alinhamento com a missão que lhe aguarda. Essa é uma atitude de dentro para fora que apenas você pode tomar. Ninguém mais pode fazer isso por você. Apenas você poder fazer a diferença em sua vida!

Alimente-se com a esperança que renova, com a luz que ilumina e com as ações que libertam e nos tornam mais fortes e preparados para a vida. Lembre-se de que somos responsáveis por nossa própria felicidade e que nossa luz ajuda a despertar a luz de quem nos observa. Tomar a decisão de que podemos fazer a diferença em nossas vidas, e automaticamente compartilhar muitas energias boas com quem nos rodeia, é uma ótima maneira de começar a disseminar nossa luz. Desejo muita paz e luz para você!

Grandes Exemplos para a Humanidade

Em 2012, estive na África do Sul. Mais especificamente em Cape Town, considerada uma das mais lindas cidades do mundo, local onde está situada a estonteante *Table Mountain*, onde fica a sede do parlamento sul-africano e o Apartheid foi criado e anos depois abolido, e terra onde se localiza a temida *Robben Island*, a ilha prisão, onde Nélson Mandela passou mais de 27 anos confinado, simplesmente porque defendia o direito da igualdade racial em seu país. E lá também é a terra do Hospital em que foi realizado o primeiro transplante cardíaco da história em Cape Town, pelo cirurgião Dr. Christian Barnard.

Como estamos falando em nos libertar de nossa escuridão para deixar nossa luz brilhar, temos aqui dois exemplos históricos que nos fazem pensar... O primeiro deles, sem dúvida, é a história de Mandiba, forma carinhosa como Nélson Mandela era chamado em sua tribo de origem e como os sul-africanos se referem a ele. Mandela era um advogado, ativista pelos direitos dos negros, quando foi aprisionado na temida prisão de Robben Island. Após passar 27 longos anos na prisão, foi libertado em 1991, sendo eleito em 1994, o primeiro presidente negro da África do Sul pós

Apartheid. E em vez de buscar vingança ou perseguição política, Mandela dedicou-se a trabalhar pela convivência pacífica entre brancos e negros, tornando-se um exemplo mundial de tolerância e de perdão. Manteve sua Luz Interior acesa após sair da prisão e passaria a iluminar a sua população, como símbolo vivo de como é possível superar as trevas da dor e do abandono quando estamos conectados ao poder de nosso propósito!

Chamou-me muito a atenção como brancos e negros falam dele com carinho. Sua foto está estampada por todo o país. É um autêntico herói nacional. Um ser humano notável, que nasceu em uma aldeia pobre em sua tribo *thembu* para passar para a história como um homem extraordinário, defensor da paz. Visitei a prisão onde ele ficou preso e vi a cela onde ele dormiu em seus últimos anos na prisão e a outra onde ficou por 19 anos na solitária. Uma afronta à natureza humana, ainda mais se levarmos em consideração que ele não tinha cometido crimes, mas apenas defendia a liberdade e o tratamento em igualdade de condições entre a população de seu país. Se fosse uma pessoa comum, certamente teria se envolvido de ódio e desejo de vingança e, ao assumir o poder, passaria a tomar atitudes alinhadas com essa escuridão interior. Mas ocorreu exatamente o contrário. Sua tolerância e liderança extraordinárias mostraram à humanidade como podemos sair da escuridão para a luz!

Cape Town também nos reserva, sob um ângulo diferente, outro exemplo maravilhoso de ousadia que até hoje está relacionado ao salvamento de milhões de vidas em todo o mundo. O Dr. Christian Barnard venceu o receio mundial que havia até sua iniciativa notável de fazer um transplante de coração em um ser humano. Após passar alguns anos estudando nos EUA, retorna a seu país decidido a tentar a técnica. O medo de todos era grande. Os pacientes poderiam morrer, a opinião pública poderia arruinar a carreira de qualquer médico que fosse mal sucedido nessa empreitada. Vale lembrar que estamos falando da década de 60 do século XX, onde muitos dos medicamentos poderosos que evitam a rejeição de órgãos ainda não tinham sido descobertos ou produzidos em alta escala.

Na noite de 3 dezembro 1967, quando a jovem Denise Duval deu entrada no Pronto Socorro do Hospital Grote-Schuur, na

Cidade do Cabo, parecia que o destino havia resolvido que ali a história das cirurgias cardíacas começaria a ser escrita. Após ter morte cerebral determinada por dois médicos, havia pouco tempo para conseguir a permissão da família para que a doação fosse feita. Vale lembrar que era a primeira vez que aconteceria. Não havia referências anteriores para servir de estímulo à doação. Imagine a dor dos pais e da família ao perder uma jovem tão bela como a Srta. Duval. Vi suas fotos e seu quarto reconstituído no Museu, construído em um ala do hospital, que retrata com incrível perfeição todos os detalhes do drama que ocorreu naquela noite. Era uma jovem cheia de vida, surpreendida por um atropelamento. E, apesar da dor da família, seu pai consentiu em doar o coração.

Do outro lado, temos o outro herói, o receptor, o Sr. Louis Waskansky, de 53 anos, que permitiu-se passar pela cirurgia que nunca antes tinha sido realizada, sabendo que poderia morrer naquela noite. Vale destacar a coragem e união da equipe médica liderada pelo pioneirismo do Dr. Barnard. Tudo poderia dar errado, mas alguém tinha que vencer esse medo e dar o primeiro passo. E esse passo foi dado!

A cirurgia em si foi um sucesso. Não se falava em outra coisa em todo o mundo naquela época. O Dr. Barnard tornou-se mundialmente conhecido e, após sua iniciativa, nos anos seguintes, milhares de cirurgias puderam ser feitas. Atualmente quase duas milhões de cirurgias cardíacas são realizadas em todo o mundo.

Outro exemplo que a luz foi mais forte que a escuridão!

Como Seria se Você Não Tivesse Medo de Errar?

É claro que temos inúmeras situações em vários países, no decorrer da história, que se encaixam no tópico acima. Mas o que desejo dizer é: o que lhe impede de sair de onde está e buscar seu sonho? O que lhe impede de começar a deixar brilhar sua luz interior e caminhar de maneira congruente com uma forma de viver que faça sentido para você?

Imagine quantas coisas em sua vida podem estar paradas exatamente porque você tem receio de se expor e arriscar? Medo de errar e se prejudicar, enfim, algo parecido... Não tenho dúvidas de que realmente mudar dá um friozinho na barriga, uma insegurança, e na maior parte das vezes somente teremos convicção que fizemos a escolha certa após corrermos esse risco. Mas se você se der o direito de sonhar e agir passo a passo em direção às suas metas, acredite: é bem provável que você consiga grandes resultados!

Tudo começa por darmos asas à nossa imaginação. Pegue um caderno e escreva sem medo de errar sobre todas as mudanças que você faria em sua vida, se o que você deseja é possível e como essas mudanças o ajudariam a alcançar o padrão de vida que você deseja. Descreva tudo em detalhes. Procure sentir-se vivendo a mudança. Procure viver os benefícios dessa mudança! Depois de fazer isso, pergunte-se o que está a seu alcance para começar essa mudança já, imediatamente.

Talvez em alguns casos você não identifique nada a seu alcance, mas é bem provável que em muitas outras possibilidades você identifique grandes caminhos. E espero que você os abrace e não tenha medo de trilhá-los, pois somente podemos aprender com a vida enquanto vivemos e não enquanto apenas pensamos sobre a vida, sem nada fazer. Pense nisso. Tem muitas pessoas que têm tudo para ter uma vida melhor, mas seus medos as estão impedindo de começar a sonhar e, principalmente, começar a agir!

Gosto de me lembrar de quando eu era criança e achava que tudo era fácil de ser feito e que eu podia alcançar qualquer coisa. Sonhava, brincava, sem receios. Muitas vezes me frustrava, mas pelo menos tentava seguir o que realmente queria em vez de me esconder por trás dos medos. Pena que crescemos e que, se não tomarmos cuidado, aprendemos a ficar tão cautelosos que esquecemos que o excesso de remédio também pode matar um paciente!

Portanto, não tenha medo de errar se seu propósito for sincero e fizer sentido para sua vida. Ninguém deseja se frustrar, mas sem dúvida a pior dessas frustrações é olhar para a própria vida e descobrir que poderíamos ter realizado muito mais se tivéssemos tido um pouco mais de coragem. Exemplos como o de Nélson Mandela e do Dr. Christian Barnard nos inspiram, mas lembre-se que eles também tiveram que enfrentar suas dúvidas e insegurança.

Pense bem e faça o exercício sugerido: Como seria sua vida se você não tivesse medo de errar?

Como Seria se Você Não Tivesse Medo?

TODOS ACREDITAMOS TER NOSSOS PONTOS FRACOS, ou seja, aquele receio que normalmente ocorre ante situações ou instantes de fragilidade, que permitem que entremos em contato com nossa estrutura mais íntima. Nesses momentos de vulnerabilidade, experimentamos uma sensação de insegurança, muito conhecida de todos, ainda muito presente na natureza humana. Embora tenha certa importância, conquanto denote prudência, poderá acarretar transtornos e problemas quando não for atentamente trabalhada. Estou me referindo aos nossos medos, aqueles elementos psíquicos que denotam falta de segurança e que se apresentam quando diante de alguma ameaça ou instabilidade.

Normalmente, temos a tendência de ter medo de tudo o que não conhecemos, de todas as circunstâncias novas e desafiadoras que não encontram em nossas experiências passadas a aprendizagem necessária para lidar com elas. Dessa forma, é comum temer algo em determinado momento e não temer no momento seguinte.

Um bom exemplo do que estamos dizendo vem da história: na época das grandes navegações, no século XV e XVI, acreditava-se que a Terra era plana, e dessa forma havia um temor imenso de que os navegadores, ao saírem de um determinado país e navegar em uma linha reta, pudessem chegar a um ponto em que caíssem em um grande abismo. No entanto, após a Astronáutica ter se desenvolvido e a escola de Sagres em Portugal ter se destacado por sua habilidade em preparar os melhores navegadores do mundo, descobriu-se que nosso planeta tinha forma esférica e não plana.

Vários navegadores passaram, então, a buscar financiamentos para suas empreitadas, como no caso de Cristóvão Colombo, que foi um dos responsáveis pela propagação dessa ideia. Assim sendo, era possível dar uma volta ao redor da própria Terra pelo mar. Ainda assim, um grande número de pessoas manteve suas crenças, de modo que, se algum navegador saía em aventura pelas águas desconhecidas, se não retomava, em decorrência de naufrágios, a justificativa mais aceita era a de que ele havia caído no "grande abismo".

A igreja na época acreditava e propagava esses conceitos. Entretanto, após Colombo chegar à América e Vasco da Gama contornar o Cabo da Boa Esperança (antes chamado de cabo das Tormentas), tal medo foi sendo substituído pela confiança, até que foi totalmente superado, esquecido!

É assim que funciona. O medo se estabelece, inibindo nossas iniciativas em torno daquilo que desconhecemos; na medida em que o analisamos, identificamos suas origens, características e manifestações, percebendo os mecanismos internos e externos para superá-lo, ele deixa de ser um desconhecido.

Se você tem algum medo e, certamente tem, não se deixe dominar. Estude-o; conheça-o a fundo. Prepare-se mentalmente para experimentar prazer ao tentar conhecê-lo um pouco mais. Vencer nossos medos nos propicia uma sensação de liberdade. Em nossa cultura ocidental e judaico-cristã, é comum associar à ideia da morte, à do fim de tudo, e isso torna o assunto temerário, constituindo para alguns um verdadeiro pavor.

Em se tratando de tema inerente à própria vida, deveríamos estar mais receptivos à abordagem do mesmo, educando-nos, segundo as nossas próprias conclusões, utilizando-nos, se preciso for, do conhecimento das variadas abordagens sob o enfoque da ciência, das correntes filosóficas ou religiosas.

Não Tenha Medo de Ter Medo

Em algumas culturas orientais, predomina o hábito de celebrar a vida e a morte como sendo partes integrantes de um todo, de um ciclo. Dessa forma, morrer deixa de ser uma tragédia e passa a ser o coroamento de uma existência desde, é claro, que o morto tenha construído uma bela vida! Há três séculos, a melhor forma de tratar de uma infecção era a sangria, método utilizado pelos médicos medievais de sangrar um ferimento utilizando-se de sanguessugas. Atualmente, realiza-se cirurgias para transplantes de órgãos e avança-se cada vez mais a experimentação na clonagem dos mesmos.

Profissionalmente não é diferente. Abrir um novo negócio, mudar de emprego, trocar de função na empresa, arriscar no mercado financeiro... Tudo isso gera medo, desconfiança. E é necessário que seja assim, pois caso não fosse, seríamos sempre impulsivos, comprando e fazendo qualquer coisa, arriscando de modo inconsequente, de qualquer forma. Entretanto, ao canalizarmos o medo para a pesquisa, o estudo e o conhecimento de exemplos de pessoas bem-sucedidas no que desejamos fazer, como aconteceu nas grandes navegações, toma-se mais fácil superar a desconfiança. Filósofos, como Aristóteles, Comte-Sponville, defendem que é mais fácil empreender ou perseverar na conquista do objetivo quando a perspectiva de êxito está próxima do alcance, porém, quanto menor o risco, mais facilmente nos deixamos dominar pelo medo. Devemos esperar, no sentido de confiar e aguardar, apenas por aquilo que não dependa de nós; mas o objeto de nossos desejos, ou seja, o que efetivamente queremos, depende do nosso esforço na conquista.

Se você for um pioneiro, em que o medo tenha raízes no desconhecimento total do caminho que deseja trilhar, ainda assim, restam outras alternativas de preparo. Tente encontrar indivíduos que tenham experiência de algo semelhante a você, mesmo que seja em outras áreas. É possível adaptar as lições aprendidas para o momento atual! Pode não ser fácil, mas vale a pena tentar!

Deixamos de viver experiências interessantes por causa do medo do desconhecido. A vida nos ensina que há situações em que é preciso coragem para vencer o medo, mas que há ocasiões em que o medo pode nos dar a coragem. Trata-se do medo extremo, diante de situações em que o instinto de conservação fale mais alto, como soldados inimigos que se veem frente a frente. Quando não há mais nada a esperar, nada mais há a temer.

A ousadia de enfrentar o desconhecido deu e continuará dando à humanidade excelentes oportunidades: A luz elétrica só surgiu porque Thomas Édson arriscou. O telefone foi criado porque Graham Bell venceu o medo da resistência de todos aqueles que se comunicavam por telégrafos.

E você, quais medos precisa vencer? O de não ser aceito e reconhecido por seu trabalho? O medo de ser pobre ou rico, de falar em público e se expor??? Que tal começar listando esses medos e traçando uma estratégia de como enfrentá-los e tentar encontrar exemplos bem-sucedidos de pessoas que fizeram o mesmo? Ou enfrentamos nossos medos ou eles nos enfrentam! À medida que perdemos espaço para os receios, passamos a permitir que eles cresçam e, não raro, tomem conta de nossa vida! Outra alternativa é parar e fazer uma projeção futura do que poderia ou não acontecer se você tentasse? Na possibilidade de errar, como seria possível lidar com as consequências, ou seja, o plano B?

E se na pior das hipóteses não conseguir superar seus medos, tire proveito deles. Muitos escritores transformam em *best-sellers* seus medos mais profundos, imortalizando-os em romances ou peças teatrais. Que tal tentar ampliar sua percepção e descobrir como o fruto dessa situação pode lhe beneficiar? Quer ser bem-sucedido? Aprenda a distinguir dentre seus medos e receios aquilo que decorra da prudência, e portanto o(a) auxilia a evitar transtornos previsíveis, e liberte-se daquilo que o impede de vencer a si, que lhe conduza ao alcance da satisfação para além das fronteiras conhecidas!

Se formos analisar os medos com mais profundidade, vamos deduzir que muitas situações temerárias são salutares, como no caso de atravessar a rua. Pelo medo de sermos atropelados, olhamos para os dois lados. Motoristas embriagados perdem o medo e o receio de baterem e por isso dirigem com mais irresponsabilidade, ignorando a precariedade de seus reflexos. Se tivessem medo, evitariam tal conduta. Esses tipos de medos são receios que nos protegem. Prefiro dar-lhes o nome de prudência. Prudência é um receio saudável, importante para nossa sobrevivência. Por prudência, por exemplo, pesquiso, leio e converso muito com outras pessoas antes de escrever livros e artigos ou ministrar palestras.

Essa conduta prudente protege-me de muitas situações perigosas que ocorreriam, fatalmente, sem o devido preparo.

Portanto, não tenha medo de ter medo. Enfrente seus medos. Dê uma chance à sua luz. Recomece a viver de maneira renovada, com emoções renovadas, independentemente de como foi sua existência até hoje. Tenha certeza de que você não se arrependerá!

É como nos diz Chico Xavier nesta linda frase: "Embora ninguém possa voltar atrás e ter um novo início, qualquer um pode começar de novo para ter um novo fim!".

EXERCÍCIO:

Lembre-se de algum momento em seu passado em que você venceu um medo que lhe incomodava, ainda que seja um medo de criança. Agora, liste todos os medos que podem ser trabalhados e que lhe impedem de progredir na vida. Pense em como solucioná-los, tirando proveito deles. Recorde-se que já fez isso uma vez, mesmo sendo em circunstâncias diferentes. Vá adiante e tente fazer com esses medos algo que ainda não tenha feito! Recorde-se de responder à questão: como seria se você não tivesse medo?

10

Perdoe a Si Mesmo

Se alguém ouvir estas minhas palavras e não as guardar,
eu não o julgo, pois não vim para julgar o mundo,
mas para salvar o mundo.

JESUS CRISTO (Jo 12:47)

COMENTÁRIO: QUANDO MAHATMA GHANDI FALOU, certa vez, que não sabia mais perdoar porque não se ofendia, ele nos dava a dimensão do poder do perdão. Poder que TAMBÉM deve ser estendido a si mesmo, em nossas próprias falhas. Chegou a hora de falarmos sobre perdão....

Perdoe a Si Mesmo!

QUEM NUNCA COMETEU UM ERRO que atire a primeira pedra. Quem nunca ficou com dor na consciência por cometer um deslize qualquer? Quem pode ser capaz de afirmar que, para fazer algo bem feito hoje, não precisou errar algumas vezes antes de alcançar a atual experiência? É comum encontrarmos pessoas bem-sucedidas que enchem o peito para nos contar suas histórias de sucesso e fazem questão de narrar momentos em que caíram e, ao contrário de muita gente, foram capazes de levantar e dar a volta por cima.

O fato aqui em discussão não é se o erro é útil ou não, mas o que fazer quando, havendo ocorrido, experimentamos a sensação de culpa em decorrência de não termos conseguido um comportamento condizente com nossas expectativas! Parece incrível, mas é verdade: uma das principais causas da baixa autoestima está na nossa inflexibilidade para o autoperdão. O perdão, em relação às faltas alheias, já é uma atitude gratificante, a denotar grandiosidade de mentes e corações iluminados, mas autocompreender-se é uma atitude inteligente antes mesmo de ser cristã!

A palavra perdão vem do latim *perdonare*, ou seja, doação de si mesmo. Quem perdoa, doa algo de si a alguém. Dessa forma, quem perdoa a si mesmo, está em processo de autodoação, de crescimento e libertação. Embora vivamos em busca do desenvolvimento de nossas habilidades e competências, a fim de alcançarmos destaque no mercado de trabalho, não podemos ignorar que um dos principais pré-requisitos desse êxito é a capacidade de automotivação, de nos mantermos entusiasmados mesmo nas situações mais adversas. E como estar motivado sentindo-se culpado?

A culpa é uma espécie de amarra a nos deter no mesmo lugar. Como superar os desafios que encontramos no caminho sem tentarmos compreender algumas de nossas limitações? É claro que perdoar a si ou ao outro não implica em ser conivente com o equívoco praticado, mas permitir-se recomeçar, quantas vezes se fizerem necessárias, até que possa fixar aquele aprendizado, seguindo adiante rumo às metas que deseja alcançar!

Há alguns anos, um de meus alunos estava cabisbaixo e me confidenciou que enfrentava dificuldades por não mais poder acreditar em si. Ele disse, na ocasião, que teve algumas empresas e que havia falhado em todas. Havia colocado familiares no negócio e não teve pulso firme para evitar que os conflitos afetassem as empresas, e que aos 50 anos se sentia frustrado, sem vontade e autoconfiança para voltar a acreditar em sua capacidade de recomeçar!

Recordo-me de haver lhe perguntado se já havia tentado se perdoar, e ele disse que não adiantaria, pois tinha errado não uma, mas várias vezes! Esse episódio me fez refletir no quanto as pessoas perdem com a autopunição, ao passo que a autoaceitação pela compreensão poderia ajudá-las a seguir adiante, mais maduras. Às vezes, entender um companheiro de trabalho pode ser mais fácil do que tolerar algumas mazelas de si mesmo! Nesse caso foi necessário um longo processo de trabalho para ajudá-lo a reler a própria história, ressignificando-a. Enquanto ele se punia, por se julgar não merecedor do sucesso, por ter falhado várias vezes, sem perceber ele retroalimentava um círculo vicioso de tristeza e culpa que não nos leva a lugar algum.

Costumo brincar com meus alunos e nas nossas colunas na rádio e dizer-lhes que quem vive de passado é museu ou professor de história e, dessa forma, precisamos aprender a tirar proveito de nossos erros para seguir em frente. Sei que muitos leitores não gostam de futebol, mas para os mais velhos e que gostam do esporte, temos aqui dois exemplos: já pensaram se o Zico tivesse ficado se martirizando para sempre por causa do pênalti perdido no jogo contra a França no mundial de 1986? Certamente não teria chegado ao sucesso que chegou, hoje técnico da seleção do Japão e por eles reverenciado. No mundo do esporte, o que mais se vê são os times que perdem em um ano, e após "perdoarem", ou superarem o fracasso, analisando-o de modo a extrair o aprendizado, se reestruturam e seguem adiante, vindo a se consagrar em campeões em anos futuros. A própria seleção brasileira errou muito durante 24 anos entre o tricampeonato mundial e o tetra, mas nem por isso deixou de tentar e chegar aonde chegou.

Como mencionei anteriormente, tenho uma coluna diária na rádio de maior audiência em Minas Gerais, chamada *Sua Vida Mais Feliz*. São duas colunas inéditas há anos, todos os dias, em que respondo às perguntas dos ouvintes. Quem se interessar por conhecer as colunas, elas estão disponíveis no site do Instituto Ricardo Melo e da própria Rádio Liberdade. Até hoje foram quase 1.000 colunas, respondendo a perguntas, fora as milhares de respostas que infelizmente não tive como responder no ar, por absoluta falta de espaço. Fico feliz em dizer que temos uma das maiores audiências do horário, medida pelo IBOPE, e muitas vezes chegamos a ficar em primeiro lugar!

Além do desejo de compartilhar com você esse projeto que enche meu coração de alegria, pois aprendo muito com nossos ouvintes, menciono também para lhe dizer como é evidente como a falta do autoperdão faz falta aos seres humanos. Especificamente nessa coluna, o assunto mais questionado diz respeito à vida afetiva. São perguntas ligadas a relacionamentos e aos problemas típicos que esses relacionamentos trazem. Temos todos os tipos de participação que você possa imaginar. Pessoas solteiras, casadas, divorciadas, viúvas, adultos, adolescentes heterossexuais, homossexuais, homens e mulheres. Cada um com os mais diversos tipos de problemas.

Em muitas de suas perguntas, fica evidente a presença da culpa por acharem que nunca serão felizes no amor ou que erraram demais nas relações e que não merecem a felicidade que almejam. Outros duvidam que seja possível encontrar um relacionamento saudável e acham que é normal que todas as relações tenham muitos conflitos. E ainda tem aqueles ouvintes que aceitam a culpa que seus parceiros lhes impõem pelas dificuldades na relação. Em síntese: há muitas pessoas que estão presas a uma velha forma de pensar, se punindo ou se permitindo serem punidas por equívocos que todos podemos cometer e que apenas com uma visão ampla e madura da vida é que se torna possível resolvê-los e não se penitenciar a purgar indefinidamente, atraindo para si relacionamentos conturbados, quase sempre destinados ao fracasso!

São pessoas que não se perdoam pelas palavras duras que falaram em algum momento ferindo alguém que amavam. Ou casos de quem traiu seu companheiro(a) e se arrependeu amargamente. Há aqueles que maltratam com palavras e atitudes as pessoas de sua família. Tem os que bebem muito. Há os que se drogam. Como disse, é uma grande quantidade de conflitos. E para mim é muito evidente o ponto-chave: falta de autoperdão.

A falta de autoperdão é responsável pelo desenvolvimento de inúmeras doenças, pelo enfraquecimento de nosso sistema imunológico e por nos predispor à depressão. Mina nossa autoestima e nossa capacidade de lutar pelos nossos ideais. Quem não se perdoa pelos erros que cometeu, está cometendo seu maior erro. E ainda há aqueles que não perdoam seu próprio passado. Vivem chateados pelos casos de amor que não tiveram, pelas viagens que não puderam fazer, pelos lugares que não conheceu ou por pessoas que já faleceram. Olham para o passado com tristeza, angústia ou arrependimento. E essa energia negativa os segura, impedindo de seguir adiante em seus projetos.

Às vezes é imperceptível. Mas ficar prisioneiro do passado é se condenar a não viver adequadamente o momento presente e, assim, ficar desconectado do nosso verdadeiro papel no mundo. Entenda que ninguém nasceu para sofrer ou ser infeliz. Temos o sagrado direito de encontrarmos nosso caminho. E, em várias situações, erramos muito até entendermos qual o caminho certo. Mas como saber qual o caminho certo sem ter descoberto o caminho errado? Claro que nem sempre é assim. Mas em alguns casos, foi descobrindo o caminho errado que algumas pessoas tiveram a convicção de qual era o caminho certo para elas.

E ainda tem outro ponto: quem não perdoa a si ou a seu passado, ainda acaba sendo muito mais duro no julgamento de outras pessoas, já que externamos o que temos em nosso coração. Se cada um apenas pode oferecer aquilo que tem, certamente quem não perdoa terá muitas mágoas e tristezas para projetas nas pessoas e no contexto que lhe rodeia.

Se Mandela não tivesse perdoado seu passado e quem lhe prendeu e o manteve preso por mais de 27 anos injustamente, certamente não teria forças para continuar sua vida quando saiu da prisão. Definitivamente não vale a pena se punir, punir nosso passado ou punir os outros pelos nossos infortúnios. O que temos que fazer é mudar nossa postura mental e recomeçar, quantas vezes forem necessárias. Vamos aprender com nossos erros e não nos tornar eternas vítimas deles. Quem vive se culpando e não se perdoa, se torna eterna vítima de si mesma e nem percebe...

Vamos lá, meus amigos! Constatado o erro, é o momento de avaliar, sacudir a poeira e erguer a cabeça! Se por algum motivo errou, tome consciência do equívoco, reveja posturas, procure agir no sentido de reverter resultados vindouros em benefício próprio. Lembre-se de que aquilo foi o que conseguiu naquele instante, mas que não significa que não possa fazê-lo de outro modo. Quando reclamamos de nossa *performance*, dizendo que se pudéssemos voltar no tempo faríamos de outro modo, implica em dizer que aprendemos com o equívoco, ou seja, foi possível identificar um caminho melhor, a partir da compreensão do erro. É bom olharmos para o passado com um olhar mais amadurecido, a mente mais alerta, percebendo a partir de onde iniciou-se o equívoco, a fim de que possamos resolvê-lo ou fazer diferente da próxima vez. De nada resultará martirizar-se, ou no popular, "chorar o leite derramado não traz o leite de volta, sem que busquemos no arrependimento a reparação da falta, que poderá também ser o aprendizado que daí decorra.

Motivem-se, superem os tropeços que todos naturalmente demos antes de termos aprendido a andar. Não se cobrem além da sua capacidade de absorver essa cobrança. Ao invés de nos estimular, poderemos correr o risco de nos boicotar! Aprendamos com nossos equívocos e continuemos em frente construindo a história, que pode não ser perfeita, mas é nossa! Independentemente do que os outros dizem, não se deixe abater e siga adotando novas estratégias a fim de chegar aonde deseja. É provável que antes do que você imagine esteja novamente cometendo outros erros e compreendendo que os antigos já não são mais tão importantes como eram. Sempre fazemos o máximo que podemos em uma determinada situação. Se no passado nosso máximo não foi suficiente, para alcançarmos o que gostaríamos, sigamos confiantes de que para o futuro possamos colher doces e renovadoras surpresas...

De todas as maravilhosas lições que Jesus nos deixou, talvez o perdão seja a maior delas, como uma das mais poderosas formas de amor. Vejam que sendo crucificado injustamente ao lado de dois ladrões, com todos os requintes de crueldade que essa forma de execução exigia, antes de dar seu último suspiro ainda teve forças para dizer: "Perdoa-os Pai, pois não sabem o que fazem!"(Lc 23,vv 34). Querido leitor(a), perdoe a si mesmo e a sua vida e seja feliz!

EXERCÍCIO:

Se você tem algum peso em sua alma, faça o seguinte: escreva em um papel com todos os detalhes as lembranças que lhe fazem sofrer. Quando tiver terminado, faça uma prece, respeitando as linhas da religião que você siga, agradecendo a Deus pela oportunidade de aprender algo com essa experiência. Logo em seguida queime o papel com o que tiver escrito. E se ainda assim não tiver se sentindo mais leve, vá até o espelho e veja em sua frente seu rosto. Olhe bem fundo dentro do reflexo dos seus olhos e procure pedir perdão a si mesmo pelo que já foi e ajuda para seguir adiante, mais leve, a partir deste momento. Esse exercício é muito poderoso e muito sagrado. Caso precise dele para aliviar sua alma, leve-o a sério e não se arrependerá!

11

Faça o Melhor que Puder

Não basta conquistar a sabedoria, é preciso usá-la.
CÍCERO

COMENTÁRIO: ABORDAREMOS A RELEVÂNCIA de fazer o melhor que estiver ao nosso alcance em qualquer situação. Há pessoas que se permitem ficar aquém de suas possibilidades por aceitarem ser menos do que realmente o são. Não é uma boa postura. Essa carência de autoestima e força de vontade é prejudicial em qualquer situação, ainda mais quando nos propomos a viver nossa missão plenamente. Quando uma pessoa aceita viver, abaixo de sua capacidade plena, todos nós perdemos. A vida nos situa em regime de interdependência, nos diversos setores da vida, o que nos leva a crer que estamos interligados por uma força maior que nos impede de viver no individualismo por muito tempo!

Faça o Melhor que Puder

VOCÊ É DAQUELAS PESSOAS QUE FAZ TUDO "para o gasto"? Se for, cuidado, pois a vida pode estar prestes a lhe responder com a mesma moeda, se é que já não o fez. Normalmente, quem reclama muito das dificuldades que enfrenta, afirma que nada dá certo ou mesmo que tudo poderia ser diferente, é aquele tendencioso a fazer tudo "para o gasto". É uma espécie de comodismo motivado pela dúvida. "Como não tenho certeza se o objetivo almejado vai se realizar, para que se dedicar tanto? Vai que dá errado e perco meu tempo?". Infelizmente, esse é o pensamento que habita as mentes mais incautas, levando uma incontável quantidade de pessoas, embora com grande potencial, a não chegar aonde deseja.

Precisamos ser realistas. Nosso cotidiano nos oferece muitas oportunidades de vivermos fazendo novas escolhas todos os dias. Desde o momento em que nos levantamos, começamos a escolher: como responder ao bom dia que recebemos, escolher a roupa que vamos vestir, em determinadas situações, o que comer, escolher o caminho a trilhar até o trabalho ou onde quer que estejamos indo. E sem que perceba, é bem provável que a rotina tenha lhe escravizado e você esteja fazendo as mesmas coisas, do mesmo jeito, continuadamente. Não acha essa atitude um pouco complicada e comprometedora para a qualidade de sua vida?

Quando falamos a respeito da criatividade e ousadia, mencionei a ideia de arriscarmos devagar, mas sempre. Falamos sobre fazer pequenas mudanças, mas constantes. Em relação à qualidade de nossas escolhas, o processo é o mesmo. É necessário colocarmos qualidade em nossas escolhas. Se vai dar um bom dia, dê um bom dia de verdade e não um de má vontade. Se vai escolher a roupa para vestir, escolha o que lhe dê prazer, sinta-se bem nela. Ao escolher o caminho que vai fazer ao sair, observe a paisagem, respire fundo e perceba como é gostoso sentir o ar entrando nos pulmões.

A ideia central é: pare de fazer tudo do mesmo modo, rotineiramente, apenas para o gasto. Coloque qualidade em tudo o que fizer, em cada palavra que disser, em cada atitude que tomar. Se necessário, reflita bastante, mas evite agir por impulso ou de forma automatizada, sem a devida percepção do contexto em que está inserido. Afinal, como se sentiria se tivesse que trabalhar com alguém que trabalha "para o gasto"? Gostaria de conviver com um marido ou uma esposa que vive para "o gasto"? Que tal pegar um ônibus ou viajar em um avião em que o motorista e o piloto conduzissem o veículo "para o gasto?" Tenho certeza de que não seria uma boa ideia!

Percebo entre alguns alunos de nossos cursos uma grande quantidade de pessoas que estudam ou trabalham de qualquer maneira, que não se dedicam a nada integralmente e não entendem por que encontram dificuldades para conseguir emprego, cultivar amizades saudáveis ou construir bons relacionamentos. A queixa é constante. Ora se queixam da vida, ora de si mesmos. O fato é que se encontram envolvidos em uma energia mental de limitação e não vão solucionar qualquer problema mantendo o mesmo estado mental que o gerou!

É como se tivéssemos uma grande dificuldade de acessar em nós mesmos os recursos poderosos que geram *insights*, coragem para assumir determinados riscos e até mesmo para nos proporcionar mais serenidade para esperarmos pelo tempo de cada realização que buscamos. E encontrar o caminho para acessar em si mesmo tais recursos é libertador. Se não, ficamos na ilusão que sempre dependeremos de alguém para nos ajudar ou de um golpe de sorte para resolvermos nossos problemas. E, ao nos permitir estagnar nessa posição de queixas sem fazer algo concreto que nos ajude a sair dessa sensação desagradável, acabamos nos acomodando em uma vida rotineira, sem alegria, quase medíocre.

Tratando a vida de forma medíocre, obteremos resultados medíocres, mas não porque a vida assim o seja, mas porque estamos nos conduzindo desse modo. Nunca é demais lembrar que nossa realidade externa é o retrato de nossa realidade interna. Observe que os conflitos que temos ao nosso redor retratam aqueles experienciados internamente. Apenas para citar um exemplo, em alguns casos observamos que alguns indivíduos, quando estão deprimidos, não se barbeiam, deixam o carro sujo, andam com a roupa amassada e não olham nos olhos das pessoas com quem conversam. Sem perceber, estão espelhando o seu estado de espírito. Isso não implica, necessariamente, que todas as pessoas que não cuidam de si estejam deprimidas, embora este possa ser um forte indício de que algo não está indo muito bem...

O Zen e o Estado de Presença

A vida tem sido muito generosa comigo. Tenho tido a grata oportunidade em minha caminhada de conhecer um pouco da cultura e dos ensinamentos das principais tradições religiosas do mundo. Isso me ensinou muito mais que a tolerância. Ensinou-me a admirar a essência de cada grande tradição religiosa que influencia seus adeptos a serem melhores como seres humanos e que, de alguma forma, procura ajudá-los a seguir o seu caminho.

Para muitos especialistas, o ZEN não seria uma religião, embora derive do budismo japonês. Não entrarei em detalhes quanto a essa colocação, mas não posso esconder minha admiração e gratidão pelos ensinamentos que essa belíssima tradição milenar trouxe à minha vida. Após ler muito sobre muitos profissionais de minha área que haviam se encontrado em retiros budistas, mesmo sem ser budistas, resolvi procurar algum retiro em que pudesse experimentar um período em que meditasse várias vezes por dia, tivesse alimentação vegetariana e uma profunda reverência por todas as formas de vida.

Encontrei no estado do Espírito Santo, no Morro da Vargem, na cidade de Ibiraçu, o primeiro Mosteiro Zen da América Latina, um verdadeiro paraíso ecológico com muitos hectares de mata nativa e um histórico de retiros anuais com centenas de pessoas beneficiadas nos últimos 35 anos. Quando conheci o atual Abade, o responsável geral pelo Mosteiro, o Daiju, como carinhosamente é chamado, fiquei imediatamente encantado com sua postura firme para liderar aquele ambiente ao constante equilíbrio e com sua forma muito peculiar de passar os ensinamentos budistas.

As duas principais fontes de aprendizagem da linha da Soto Zen, uma das principais escolas do Zen Budismo japonês, é a prática da meditação chamada Zazen e a prática contínua da atenção plena às tarefas do cotidiano, desde o simples ato de lavar um prato, beber água, lavar o banheiro, caminhar, conversar, preparar a comida, comer ou tomar banho, tudo é visto de forma sagrada, como um convite maravilhoso à conexão perfeita com o momento presente.

Daiju sempre diz que o mais importante não é se tornar budista, mas aprender a esvaziar a mente e ter conexão com a prática consciente do momento presente em tudo que fizermos. Mensagem simples e poderosa. Frequento os retiros há vários anos, pelo menos uma vez por ano. É simplesmente magnífico. É um treinamento vivencial de como podemos dar o melhor em tudo que fazemos, mas de maneira simples, suave. Recomendo a todos que façam pelo menos uma visita ao Mosteiro. Vocês vão adorar. Para se ter uma ideia da importância do trabalho do Mosteiro na região, a polícia militar do estado do Espírito Santo colocou no seu treinamento para os formandos nas academias um momento no Mosteiro, pois assim eles terão mais habilidade para "estar atentos e presentes" em todos os instantes. Para saber mais sobre o Mosteiro e como se inscrever para seus retiros, visite o site: www.mosteirozen.com.br

Dica Preciosa

Gostaria de compartilhar uma dica preciosa para quem deseja se aperfeiçoar na arte de se integrar ao que faz.

Dedique-se integralmente a uma tarefa durante uma semana. Assim como os antigos Samurais japoneses, dedique-se intensamente a uma tarefa. Preocupe-se com os detalhes. Invista uma semana em uma atividade que exija dedicação. Tome para si o cuidado com um animal ou uma planta, ou talvez prefira cuidar de sua casa, de seu carro... Será excelente poder escolher cuidar de si ou de alguém que ame. Se tem prazer pela pesquisa, escolha um tema, estude-o profundamente.

Independentemente de qual seja o objeto de sua escolha, leve-a sério por uma semana. Ainda que por uma única semana, mas de plena dedicação. Caso, por qualquer motivo, seja impedido de cumprir sua meta em um dos dias, recomece a contagem. Apenas depois de sete dias promovendo melhorias contínuas em alguma coisa, você terá cumprido o exercício.

Após finalizar essa tarefa, verifique:

1. Como você se sente após ter, conscientemente, se trabalhado para realizar melhor a atividade escolhida?

2. Que diferença faz na sua vida quando você se sente capaz de estar "mais inteiro" em tudo que faz?
3. Que outro hábito você pode eleger para ser trabalhado na próxima semana?

EXERCÍCIO:

Que tal aprender a meditar? Que tal procurar uma escola de ioga ou um retiro espiritual em que se pratique a meditação para você aprender como manter sua mente no "Aqui e Agora", além de estar inteiro em tudo que faz. Garanto que se você aprender a meditar e passar a meditar, você vai descobrir uma ferramenta abençoada que lhe acompanhará pelo resto de sua vida, ajudando a manter o equilíbrio e a alegria em todos os momentos!

12

Faça Além do que Esperam de Você

> A melhor maneira de sermos felizes
> é contribuindo para a felicidade dos outros.
> *BADEU POWELL*

COMENTÁRIO: Os ESPECIALISTAS NO ESTUDO da prosperidade econômica, como o filósofo norte-americano Jacob Needleman, costumam dizer que comportamentos prósperos atraem prosperidade, e o inverso também é verdadeiro. Compreender a importância de dar ao mundo mais do que você espera dele pode parecer à primeira vista uma teoria simplista, que cai no lugar comum, mas não se engane: seja nos relacionamentos, seja na vida profissional ou nos cuidados com a saúde, dar sempre mais de nós, em retorno ao que recebemos, constitui premissa para ser bem-sucedido. Todos gostam de ser surpreendidos, inclusive eu e você. Vamos então utilizar esse desejo a nosso favor. Vejamos como:

Faça Além do que Esperam de Você!

HÁ COISAS QUE SOMENTE O TEMPO, e sua infalível didática, é capaz de nos ensinar. Há alguns anos ouvi falar de uma lei básica para o sucesso no mundo dos negócios, o que a princípio me pareceu muito simples, sem o brilho das grandes verdades. O futuro mostrou-me ser este um dos principais corolários do êxito em qualquer área. Refiro-me à lei da superação das expectativas. Ela pode ser resumida da seguinte maneira: "Quanto maior for sua capacidade de agregar valor extra a seus serviços para beneficiar alguém, maior será a chance de surpreender as pessoas ao seu redor e, consequentemente, maior será a probabilidade de a vida lhe recompensar nos momentos que você mais necessitar.

No entanto, paradoxalmente, para ter esse possível retorno, devemos agir sem esperar pela compensação. Basta acreditar que seja assim, sentir a força positiva que emana do bem-estar de doar-se, sem o desejo da retribuição, para que se inicie o processo de atração dessa energia que retorna ao ponto de origem. Não fique nos limites do que esperam de você, supere as expectativas de sua família, surpreenda seus amigos, cative seus clientes e superiores hierárquicos. Não precisamos ser bajuladores, mas pessoas capazes de tornar melhor a vida dos outros. Aprenda a fazer a diferença de forma positiva por onde passar. Seja único. Mostre seu brilho e confie. O tempo será teu mestre, demonstrando como funciona essa lei.

Como disse, ainda muito jovem achei essa lição sem consistência, metafisica, fantasiosa. Pareceu-me paradoxal fazer algo além do esperado e sem desejar ser recompensado... Mas o tempo é muito generoso e tolerante para com nossas ignorâncias momentâneas. Enquanto transcorria, endereçou-me vários exemplos irrefutáveis, através das experiências mais comuns, deixando-me perceber a relevância dessa lei, o que me levou a mudar radicalmente de opinião. Naquela ocasião, ainda ignorava que a maior recompensa estaria na conscientização de meu real potencial, ao fazer a diferença na vida dos que me cercam.

Talvez seja este o maior poder que um ser humano pode ter! Quando fazemos além do que esperam que façamos e o fazemos por convicção que é o melhor a ser feito, sem outra expectativa que o de servir, é impressionante como as demais pessoas e o Universo recompensam esse tipo de iniciativa.

Percebo claramente que minha vida deixaria de ter sentido caso voltasse a ser como antes, fazendo as coisas somente por fazer, focado nos meus interesses tão somente, desatento para pequeninas coisas, para as quais um olhar de cuidado, uma lembrança inusitada, um gesto inesperado de generosidade, um telefonema espontâneo a alguém de quem se goste, um sorriso a um desconhecido, gesto de cavalheirismo ... enfim, delicadezas que despertam antes, em nós mesmos, a beleza do invisível. Nem todos despertaram para essa necessária conduta, e certas coisas não se impõem, estimula-se fazendo. É antes de tudo um processo lento, educativo e contagiante. É algo acima de qualquer necessidade constante de aprovação ou reconhecimento!

Um garçom destacava-se, dentre seus colegas, por atender muito bem aos seus clientes. Sorria para quem era mal humorado, era educado com pessoas grosseiras e demonstrava classe incomum para satisfazer seus clientes. Certo dia, após um atendimento, a lei da superação das expectativas funcionou e ele compreendeu seu poder. Um empresário, dono de uma cadeia de restaurantes, ficou tão encantado com a forma de ele lidar com os clientes que, após saber que ele já era garçom há muitos anos, ofereceu-lhe um emprego em um de seus restaurantes como gerente. Ele ganharia quatro vezes mais que antes. Alguns de vocês podem até pensar que esse é "um caso em mil". Pode até ser, mas então lhe pergunto: por que você não pode ser o "um" dessa história? O que o impede de fazer o melhor possível para superar as expectativas de quem o rodeia. Faça um teste e depois me conte como foi. Certamente se surpreenderá com os resultados.

Você Já Pegou o Vento?

Você já pegou o vento alguma vez? Provavelmente não, pois ninguém nunca o fez. Mas embora você nunca tenha pegado o vento, dificilmente duvidará de sua existência. E por que isso acontece? A resposta é simples: porque você vê seus efeitos! Cada vez que uma árvore balança, que você sente uma brisa suave em seu rosto ou que a poeira nas ruas começa a se mover sem que ninguém ou algum objeto a tenha retirado do lugar, enxergamos a atuação da simples passagem do vento.

Da mesma forma, posso perguntar: você já pesou em alguma balança o amor? Ou mesmo a raiva? Ou quem sabe a ansiedade? Provavelmente não, porque não são corpos com massa que possam ser pesados ou medidos fisicamente, afinal não possuem matéria. Mas alguém duvida da existência desses estados emocionais? Claro que não! E não duvida pelo mesmo motivo de não duvidarmos da existência dos ventos. Enxergamos os efeitos das emoções em nosso corpo e nossa predisposição para agir dessa ou daquela determinada forma. É possível, inclusive, observar no cérebro como que cada emoção é criada a partir de uma combinação de fenômenos neuroquímicos.

Tudo isso para defender a lei que intitula este capítulo. Quem está no caminho de seu despertar existencial, identificando seu papel no mundo e conscientemente interagindo com a Matriz Divina nesse imenso Universo Participativo, não tem como ignorar o impacto que traz à nossa vida a atitude de sermos generosos, fazendo além do que esperam que façamos. É um impacto de energia positiva somada à excelente impressão que essa conduta passa para quem nos observa. É um ganho duplo!

E você, como recebe essas reflexões? De que forma está contribuindo para a transformação da sua vida e dos demais? Você faz apenas sua obrigação ou vai além e supera as expectativas de quem lhe cerca? Tem realmente procurado viver intensamente, apesar dos desafios?

Dizem que se conselho fosse bom não se dava, vendia. Se me permite, gostaria de compartilhar um conselho com você, principalmente para quem está se dedicando ao que faz bem menos do que poderia. Meu conselho é: faça uma lista das pessoas mais importantes de sua vida.

Isso mesmo: faça uma lista de todas as atividades que cotidianamente você tem o hábito de realizar. Agora reflita sobre seu nível de satisfação atual em relação ao seu desempenho e dedicação com cada uma delas. Pense em duas atitudes inéditas que pode fazer agora para aumentar esse nível de satisfação em

30%. E comece a agir! Mesmo que não receba a atenção almejada, ainda que sinta que fez demais e não foi notado(a), não se preocupe.

O sucesso está nos detalhes e jamais sabemos onde o diamante está. Às vezes, é preciso garimpar muito para encontrá-lo, ou seja, quem parar de garimpar por não ter encontrado o diamante, corre o risco de fazê-lo perto de sua conquista! É imprescindível pensar a respeito. Lembra-se da expressão: nadar, nadar e morrer na praia?! É disso mesmo que estou falando. Faça dessa proposta de ir além do que esperam que você faça um estilo de vida e não apenas uma obrigação a ser seguida.

Sabe por que indivíduos como Chico Xavier, Mahatma Ghandi, Madre Tereza de Calcutá, Irmã Dulce, dentre outros, serão sempre lembrados? Por terem ofertado ao mundo bem mais do que efetivamente receberam. Embora, se lhes perguntasse, diriam que ocorreu o inverso. Suas almas iluminadas, gratas por tudo que permearam suas vidas, nutriam o sentimento de que a vida sempre lhes oferecia mais e deviam retribuir-lhe com o máximo de suas potencialidades. Suas visões estavam alinhadas com suas missões, e estas, naturalmente, com sua inteligência espiritual (falaremos do assunto no próximo capítulo).

Essas pessoas que ultrapassam os limites dos dogmas religiosos para alcançar antes o ser humano, e não suas diferenças, além de registrar na história as missões que abraçam na Terra, ensinam, demonstrando em atitudes, a relevância de fazermos sempre o melhor que pudermos e o quanto isto funciona, a julgar pelo constante sorriso nos lábios e pelas expressões serenas que trazem no olhar...

É possível que muitas pessoas não retribuam o que façamos por elas, aliás, é grande a possibilidade de que isso ocorra. Pois também nós agimos assim muitas vezes com outras pessoas. Segundo Gandhi, o amor de um ser humano é capaz de neutralizar o ódio de milhões, aliás, ele próprio foi prova disso. Ao redor do mundo conhecemos várias biografias de pessoas ousadas que construíram seu sucesso utilizando-se de muita dedicação, até chegar aonde chegaram, sempre fazendo mais do que esperavam que elas fizessem. Faziam mais que suas obrigações.

Lembre-se: você é como uma grande marca. Você é seu maior produto e seu maior ativo. Invista em você mesmo. Agregue valor a si mesmo.

Esta nem sempre é uma forma romântica de enxergar a si mesmo, mas é real. Pense bem: sempre estamos observando outras pessoas e criando ideias a seu respeito, correto? Pois bem, as pessoas fazem o mesmo conosco. Elas também nos observam e falam sobre o que pensam de "nossa marca"! Quando nos referimos a alguém que admiramos, falamos coisas carinhosas, mesmo na ausência da pessoa. A marca dela é tão forte que é reconhecida mesmo à distância. Quem faz mais do que sua obrigação, agrega um valor inestimável a si mesmo. O primeiro benefício é uma satisfação imensa por cumprir seu dever com excelência. A segunda é passar uma clara mensagem ao mundo sobre quem você é: uma pessoa que se importa!

E se Eu me Frustrar?

E se eu me frustrar? E seu eu fizer o meu melhor e não enxergar retorno? E se mesmo insistindo em ser alguém que se dedica além de suas obrigações eu não for devidamente valorizado(a)?

Para responder a essas perguntas, vou lhe dar alguns exemplos:

Imagine um frentista que sempre lhe atende com um sorriso quando você vai abastecer. À princípio, podemos pensar que trata-se de um treinamento bem feito pelos donos do posto de gasolina. Mas não demora para percebermos que os demais funcionários são diferentes. Cada um atende à sua maneira, deixando evidente que o diferencial no atendimento é dado pelo próprio frentista, por causa de sua personalidade e não por obrigação. Você, ao retornar ao posto, vai desejar ser atendido por quem?

Vamos a uma imobiliária, quando alguém vai à busca de comprar um imóvel, seja para morar ou para investir. De repente, você é atendido por um corretor que visivelmente deseja lhe empurrar qualquer imóvel para que ele ganhe sua comissão e não necessariamente porque deseje que você fique satisfeito. Seu desejo em fechar negócios é compreensível, mas a qualquer custo, começa a passar a ideia de um profissional mercenário, frio, totalmente insensível. Você o indicaria para algum amigo? Com certeza, eu não!

Que tal agora irmos para uma consulta médica. O médico lhe atende após você esperar bem mais do que gostaria pela consulta. E então ele olha você rapidamente, sem sequer tocar em você direito ou lhe dar a devida atenção. Fica visível sua pressa, pois precisa atender muitos pacientes para compensar o pouco que os planos de saúde lhe repassam. Então, chateado(a), você resolve ir a outro profissional, que embora também receba dos planos de saúde, lhe trata bem, olha em seus olhos, toca em você, escuta-o e o acompanha gentilmente até a porta, em claro sinal de cortesia. Quem, a partir de agora, vai se tornar o médico de sua família?

Em uma análise simples, podemos dizer que o frentista mal humorado, que o corretor insensível e o médico apressado talvez tenham feito o serviço que esperávamos deles. Fizeram sua obrigação, mas os outros fizeram além e a vida vai lhes recompensar por isso, cedo ou tarde. Tenho certeza de que quem realmente faz bem feito alguma coisa, pois sua alma se conecta com cada ação, semelhante à proposta de viver do Zen, certamente não estará preocupado em ser ou não reconhecido, pois isso acontecerá naturalmente.

Se você realmente está preocupado com seu retorno é porque ainda não compreendeu de verdade a dimensão profunda contida nessa máxima de ir além do que esperam que você faça. Ainda está dominado pelo Ego e seu desejo de chamar atenção, e muito provavelmente está longe de viver sua missão. Se isso estiver acontecendo, acenda a luz vermelha, pois você continuará a atrair do Universo Participativo sempre mais do mesmo que pensa, sente, fala e faz. Lembre-se sempre disso.

Na Idade Média, Francisco de Assis, célebre por seu amor e infinita bondade após passar por algumas guerras e abandonar a fortuna de seus pais para viver em comunidade celebrando os mais puros valores cristãos, disse certa vez: "Somente um Homem Bom sabe como é Bom ser Bom!". Por isso, em sua oração havia o seguinte trecho: " É dando que se recebe, é perdoando que se é perdoado....". Ele não disse: "É recebendo que se doa ou é tendo o perdão de outrem que daremos nosso perdão...". Vale muito a pena pensar em suas sábias palavras...

EXERCÍCIO:

Fazendo uma grande reflexão a respeito da forma como você tem interagido com o mundo, pense:

1. Em quais áreas você sabe que pode dar mais de si?
2. Que atitudes imediatas podem ser adotadas para melhorar seu rendimento nessas áreas?
3. Experimente. Faça!

13

É Hora de Planejar. Preveja Seu Futuro!

> O homem não é a soma do que ele tem,
> mas a totalidade do que ainda não tem,
> do que poderia ter.
> *JEAN PAUL SARTRE*

COMENTÁRIO: ATÉ AGORA conversamos muito sobre a importância de saber o que queremos, de termos nossas fontes de motivação, de cultivarmos paciência, de perdoarmos a nós mesmos e de sempre fazermos mais do que esperam que façamos, tudo isso em nome de mudarmos de dentro para fora, de vivermos a plenitude de nossa missão, de nosso papel no mundo. E sabemos que ao mudarmos a forma como vivemos nosso presente, imediatamente influenciamos na construção de um belíssimo futuro, onde continuaremos a colher os belos frutos que estaremos continuamente plantando. Agora falaremos sobre a construção desse futuro, tão desejado por todos!

É Possível Prever o Futuro?

DESDE AS ÉPOCAS MAIS ANTIGAS, vamos encontrar reis e homens comuns fascinados pelos acontecimentos reservados ao futuro. Esse desejo teve um grande representante histórico na Grécia antiga, no famoso oráculo situado na cidade de Delfos, respeitado por todos que lhe procuravam para saber o que lhes reservava o amanhã. Já no século XVI, na França, Michel de Nostradamus imortalizou-se como o maior vidente da história ao prever em sua bacia cheia de água o acontecimento de algumas guerras, sugerindo o nome de ditadores (errou o de nome de Hitler por uma letra), além de enriquecer o imaginário popular das possibilidades de um tempo ainda distante.

E, na época, em que vivemos, pouco mudou. Continuamos a nos interessar pelo futuro, ainda que os métodos tenham se modificado com o tempo. Nas grandes empresas, o planejamento estratégico substituiu a bola de cristal, o plano de carreira, à semelhança de espelho mágico, devolve a imagem do que recebeu, e a administração do tempo é refletida nos resultados que transbordam, como uma bacia cheia de água. Na vida pessoal não é diferente. Por mais que aprendamos a viver um passo de cada vez, é fundamental saber para onde estamos conduzindo nossas vidas, e direcioná-la com um bom projeto de vida é fundamental.

Naqueles momentos de conflitos, em que nos propomos a vislumbrar mudanças, em áreas estratégicas de nossa vida, falar de futuro fica ainda mais excitante. O que será que o porvir nos reserva? Na vida pessoal, ficamos tecendo projetos, cada um mais interessante que o outro. Na esfera profissional, questiona-se o que o mercado nos reserva? Será que, em breve, conseguiremos realizar aquele sonho, alcançar o reconhecimento profissional almejado, ou ter a harmonia familiar desejada? Mesmo não tendo as respostas, é seguro afirmar que quanto maior for sua capacidade de criar e aproveitar as oportunidades à sua volta e de perceber o que ninguém mais percebeu, desenvolvendo sua sensibilidade e intuição, maiores serão suas possibilidades de ver seus objetivos se concretizarem!

Se você tiver feito os exercícios que propusemos nos capítulos anteriores, provavelmente já deve ter mais clareza do que quer para sua vida. Imagino que tenha identificado o que faz ou não sentido para você e quais hábitos ou situações precisa melhorar para se alinhar com a vida que deseja! E agora, mais do que nunca, é importante colocar tudo isso em um plano de ação, bem organizado, para você não perder.

Gosto de pensar em qualquer planejamento como quando pegamos as peças soltas de um quebra-cabeça e colocamos todas juntas, dando forma ao que se estava buscando. E quando fazemos isso, com consciência, acabamos de certa forma ajudando na criação de um futuro que parecia incerto e que passa a ser mais certo quando planejamos e agimos de forma congruente para concretizá-lo.

Há muitas formas de se prever o futuro e uma delas, como afirmava o grande mestre da administração, o norte-americano Peter Druker, é inventá-lo! Poderemos criar nosso futuro a partir do momento que soubermos exatamente aonde desejamos chegar e nos prepararmos adequadamente para a caminhada. Acredito que na vida haja dois grandes tipos de pessoas: o primeiro grupo que vive correndo atrás do sucesso e o segundo que faz o sucesso vir atrás dele. Não é um simples jogo de palavras. Falo sério!

É simples reconhecer ambos no meio da multidão. Há, por exemplo, profissionais que fazem de tudo para vender seus serviços e obter reconhecimento, mas somente com muita dificuldade conseguem algum resultado, enquanto outros, com menos tempo de mercado, trazem com frequência a agenda cheia e novos convites para projetos interessantes. Há estudantes que se esforçam tanto para aprender e não conseguem aprender o que outros conseguem com muito mais facilidade. Há aqueles que saem nas noites, nas baladas, em busca de paqueras e bons relacionamentos, ao passo que para outros os encontros marcantes acontecem naturalmente. Mas por que isso acontece?

De alguma forma, esse ser humano que atrai o que deseja aprendeu a se comunicar com a Matriz da Vida e assim ela lhe responde. Acredite ou não, as evidências são muito fortes a favor dessa tese. Nem sempre esforço contínuo é sinônimo de alcançar resultados. É necessário além desse esforço para conquistar o que desejamos, estarmos alinhados com a linguagem sagrada das leis da vida que estão a todo momento nos influenciando. Se assim não fosse, bastaria termos clareza do que queremos e nos dedicarmos arduamente e conseguiríamos tudo. E sabem que não é assim que acontece em muitas oportunidades. Portanto, além de saber o que desejamos e do esforço, precisamos falar a linguagem da Matriz da Vida em nosso plano de ação!

Iniciando Seu Plano de Ação

Vamos dividir a criação de nosso plano em três fases. Na primeira, vamos organizar o que desejamos para cada área de nossa vida em determinado tempo. Na segunda fase, identificaremos quais crenças nos ajudarão em nossas ações. Na terceira fase, nos alinharemos segundo a linguagem que a Matriz da Vida compreende. E assim veremos nosso plano fluir.

Primeira Fase: Deixe Claro Para Si e para a Vida o Que Quer!

Uma das coisas que mais nos atrapalha é quando estamos divididos sem saber para onde vamos. Quando estamos assim, perdemos energia, além de termos a autoestima muito afetada. Se não deixarmos claro para a vida e para nosso inconsciente o que desejamos, acabaremos agindo sem foco, sem motivação e, assim, concretizaremos no meio externo o retrato de nosso mundo interno: confusão! Por isso é importante sermos claros com o que desejamos.

Vamos então começar separando nossa vida por áreas. Pois isso facilita nossa análise de cada área e quais metas temos para cada uma delas. Vou sugerir algumas áreas, mas tenha total liberdade para acrescentar ou tirar áreas que não façam sentido para você. As áreas que sugiro são as que trabalho há anos no processo de *Coaching*. Confio nessa divisão dado o resultado positivo que vejo com os clientes e mesmo comigo em meu planejamento.

As áreas são: carreira, dinheiro, desenvolvimento pessoal, saúde, lazer, relacionamento afetivo, relacionamento com filhos (caso tenha), relacionamento com o restante da família, relacionamento com amigos, emocional, espiritual, material e consciência social. Rapidamente falando sobre o que significa cada uma das áreas:

Na carreira, falamos sobre sua vida profissional. No dinheiro, falamos sobre sua atual situação financeira e sua relação com o dinheiro. No desenvolvimento pessoal, estamos falando sobre tudo o que você faz para investir em seu intelecto, como cursos diversos e leituras. No relacionamento afetivo, abordamos sobre como vai sua vida nessa área. Lembro aqui que mesmo que esteja solteiro tem essa área para averiguar. Afinal, podemos estar felizes sozinhos ou felizes quando estamos com alguém. Depois temos relacionamento com filhos (para quem tem filhos) e relacionamento com o restante da família. Aqui estamos falando de sua relação com pai, mãe, avós, tios, primos e demais membros de sua família.

Depois vem a relação com amigos e logo em seguida a área emocional. Na área emocional, falamos sobre suas emoções. Ex: Você é uma pessoa segura ou insegura? É uma pessoa confiante ou sem confiança? É ansioso ou calmo? Na parte espiritual, nos referimos à sua ligação com Deus. Na parte material, estamos falando de sua vida material (residência onde mora, carro que tem, roupas que veste e outros aspectos de sua vida material). Por fim, na área de consciência social, falamos sobre a responsabilidade de ajudar pessoas, animais e o meio ambiente com trabalhos voluntários.

Escolha, portanto, as áreas que deseja trabalhar e responda às perguntas abaixo, área por área!

> A – Qual meu atual nível de satisfação de 1 a 10 com essa área em minha vida?
>
> B – O que mais gosto dessa área hoje?
>
> C – O que mais me incomoda nessa área hoje?
>
> D – O que preciso melhorar para me sentir mais confortável e feliz nessa área?

Anote todas as respostas. Reflita bem antes de responder. Ao pensar em sua vida dessa maneira, você terá a oportunidade de refletir sistemicamente sobre tudo. Verá pontos fortes e fracos e terá mais clareza do que deseja para se harmonizar como um todo. Ao finalizar, releia tudo e veja se deseja acrescentar algo mais.

Quando finalizar, faça uma lista, tendo em vista suas reflexões de, pelo menos, duas metas por área para os próximos cinco anos de sua vida. Você vai perceber que temos facilidade em algumas áreas de saber o que desejamos. Em outras, às vezes, ficamos em dúvida. Se for o seu caso, não se preocupe. Anote o que você já tem certeza que deseja. Já é um excelente começo!

Se você chegou até aqui e fez tudo direitinho, então tem agora anotadas várias metas a alcançar nos próximos cinco anos que lhe deixariam feliz! Agora vamos à segunda fase.

Segunda Fase: Alinhando-se para Seguir...

Pergunte-se: se eu alcançar esses objetivos, me sentirei uma pessoa mais realizada e feliz? Se a resposta for sim, perfeito. Se for não, volte à etapa anterior e lembre-se de que queremos metas que se alinhem com sua missão, com seu propósito de vida, e não apenas ter objetivos somente por tê-los.

Quando tiver listado tudo o que deseja, responda à pergunta abaixo:

A – *Quais crenças e hábitos preciso ter e mudar para chegar aonde quero?*

Vou dar um exemplo. Vamos supor que uma das minhas metas seja pagar todas as minhas dívidas e ganhar daqui a cinco anos 50% a mais do que ganho hoje. Para alcançar esse objetivo preciso ter as crenças:

- *É possível eu pagar minhas dívidas*

- *Eu posso controlar meus gastos.*

- *Posso receber uma promoção e ou melhorar o rendimento de minha empresa*

- *Estou disposto a dar tudo de mim para alcançar essa meta*

Sem essas crenças bem determinadas, não sairei do lugar. Para cada meta que traçamos na vida, precisamos de crenças poderosas, alinhadas, que nos deem suporte. Sendo assim, preciso ter consciência de crenças limitantes que preciso mudar e quais crenças poderosas devo fortalecer. Por isso muita gente não sai do lugar. As pessoas até sabem o que querem, mas ao não alinhar suas crenças, acabam perdendo a motivação pelos conflitos internos que crenças desalinhadas provocam. Portanto, liste as crenças que precisa cultivar para chegar aonde quer!

Agora, vou listar alguns hábitos que devo manter ou evitar:

- *Provavelmente eu deverei anotar tudo que gasto até me controlar mais.*

- *Precisarei evitar as compras por impulso. Talvez deixe meu talão de cheques em casa e ande apenas com um cartão de crédito com limite pequeno para apenas fazer uma grande dívida logo após pensar bem.*

- *Talvez eu deva fazer um curso de aperfeiçoamento em minha área para que eu possa ter mais valor a agregar, e daqui a cinco anos ter alcançado um bom aumento.*

- *Se eu for empresário, posso dizer que preciso contratar pessoas mais capacitadas para me ajudar. Ou dizer que preciso chegar mais cedo à empresa para supervisionar o andamento dela. Ou então precisarei investir em produtos novos...*

Bem, as possibilidades são infinitas. A questão aqui é: alinhe-se psicologicamente e de maneira prática para que suas crenças e seus hábitos aproximem você de suas metas e não o contrário! Agora vamos à terceira fase.

Terceira Fase: Falando a Linguagem da Matriz da Vida

Após fazer as etapas anteriores, sem pressa, revisá-las algumas vezes e ter certeza de que você já sabe o que quer para os próximos cinco anos, e também já ter consciência das crenças e hábitos que irão lhe ajudar, agora é hora de manter seu foco nesse projeto e atrair a energia positiva que a Matriz da Vida vai lhe oferecer!

Vamos lembrar que a Matriz tem uma linguagem própria. Ela reage aos nossos sentimentos continuados, ou seja: todas as vezes que temos algo em mente e sentimos por muito tempo e de forma intensa emoções sobre o que temos em mente, a Matriz entende que isso é um desejo nosso e então ela responde de forma a nos ajudar na concretização desse desejo. Já falamos bastante sobre esse princípio nos capítulos anteriores. Quem, portanto, vive confuso e preocupado, atrai mais confusão e preocupação. Mas quem, como você, que agora sabe o que quer e vai fortalecer essa sensação de já ter alcançado o que deseja, vai receber da Matriz todo apoio.

Aqui seguem os princípios para falarmos a linguagem que a Matriz compreende:

A – *Tenha metas que sejam harmoniosas para o universo. Se você tiver uma meta que apenas vai lhe favorecer, mas vai prejudicar alguém, o universo não responderá. Isso é sério. Há um princípio básico na ciência que diz que tudo tende ao equilíbrio. A Matriz somente nos ajudará se nossos objetivos forem pensados de maneira que não apenas nós ganhemos, mas todo o meio que nos cerca também ganhe!*

B – *Viva como se já tivesse alcançado o que deseja. Quanto mais vívidas forem as sensações de alegria, bem-estar e sucesso por já ter alcançado em sua mente o que deseja, mais rapidamente a Matriz vai agir para concretizar o que você quer.*

C – Pense e fale como se já tivesse certeza de que vai alcançar o que deseja. Somente assim vamos sentir a energia da realização tomando conta de nós e influenciando a Matriz. A Matriz não responde positivamente a dúvidas. Por isso, trate de realmente confiar em seu projeto.

D – Faça visualizações se imaginando com a vida que deseja. Faça isso, pelo menos umas três vezes por semana. Queremos sua mente pensando como quem já alcançou os objetivos e seu coração sentindo os benefícios e a alegria de ter alcançado tudo isso.

E – Releia seu plano, semanalmente. Ele precisa estar vívido dentro de você, assim como os sentimentos positivos de sua concretização. Sempre que for necessário, ajuste-o de acordo com o que for acontecendo. Mas ao reavaliá-lo e checá-lo, semanalmente, você fortalecerá as sensações de sucesso em sua mente e em seu coração.

No fim, concluímos que a Matriz reage positivamente à mensagem de confiança e clareza que passamos para ela. Quanto mais confiança e competência em fazer o que nos cabe, mais rapidamente a Matriz nos responderá. Pessoas, situações e sinais inesperados começarão a ocorrer mostrando o que devemos fazer para alcançar rapidamente o que desejamos.

Agora vale lembrar que não basta se empolgar e fazer isso apenas por alguns dias e passar a duvidar da vida e de seu plano, largando ele para lá. Lembre-se de que é preciso fazer sua parte no mundo concreto, tomando as atitudes para colocar seu plano em ação e também agir no mundo da energia, alinhando-se com a Matriz, falando em sua linguagem, continuamente. A ideia é fazer sua parte e entregar ao universo o tempo das realizações.

Fique certo que se algo falhar, você falhou ao mentalizar e confiar, agindo com dúvida, ou falhou na execução do plano, postergando ações ou cultivando crenças conflitantes dentro de você...

Um planejamento integral contempla o que devemos fazer aqui no mundo concreto e também no mundo da energia. Não basta apenas agirmos em um dos planos e ignorarmos o outro. Acredite no que lhe digo: trabalho há 15 anos com pessoas e empresas, além de ter minha própria experiência. Esses ensinamentos que a própria ciência vem atestando da interação do que desejamos com o mundo quântico e resultados alcançados aqui no mundo concreto são reais. Se preferir, recorra à sua própria experiência e provavelmente vai identificar que quando esteve bem alinhado para alcançar um objetivo, muitas "coincidências" ocorreram para ajudá-lo. Mas quando estamos fora desse eixo, por mais que tentemos e façamos tudo certo no mundo concreto, simplesmente as coisas não fluem.

Desejo, do fundo do coração, que alcance o que você deseja!

EXERCÍCIO:

Faça seu plano de ação. Revisite-o, semanalmente. E, pelo menos três vezes por semana, faça a visualização sentido como seria sua vida se você já tivesse alcançado os resultados que deseja. Quanto mais disciplinado você for, mais rapidamente os resultados virão até você. Experimente!

14

Quando Perder É Melhor do Que Ganhar...!

> É preciso serenidade para aceitar aquilo
> que não posso mudar. Coragem para mudar
> o que posso e sabedoria para conhecer a diferença.
>
> R. NIEBUHR

COMENTÁRIO: UMA DAS MAIORES LIÇÕES DE QUEM LIDA com investimentos, e faço isso há quase 15 anos, é que mesmo quando temos um plano sólido para criar o futuro e desejamos já começar a aproveitá-lo quando nos alinhamos com nossa missão, ainda assim, em inúmeros momentos da vida, nosso plano não funcionará do jeito que desejamos. Mesmo tenho feito tudo "certinho", seremos surpreendidos por imprevistos que nos forçarão a adaptarmos nossa estratégia. E, em muitos desses momentos, teremos que lidar com algum tipo de perda, o que sempre é difícil de assimilar. E é incrível o bem-estar que toma conta de nós quando, mesmo em instantes de profundas perdas, compreendemos que em alguns instantes perder é bem melhor do que ganhar....

Quando Perder É Melhor do Que Ganhar....!

RECORDA-SE DA ÚLTIMA VEZ QUE SEU TIME de futebol começou jogando mal uma partida e somente melhorou o desempenho depois que tomou um gol? Certamente você já deve ter ouvido falar das famosas histórias de empresas que quase faliram e renasceram como uma fênix, das cinzas, com novas estratégias e filosofias, ou mesmo de indivíduos que viviam excessivamente voltados para o lado material da vida e após sofrerem um infarto ou acidente quase mortal, fizeram modificações profundas em sua maneira de viver, alegando que essa experiência marcante os levou a encarar a vida com outro olhar.

O fato é que a perda, por incrível que pareça, pode ser vista depois de algum tempo como a melhor coisa que poderia ter nos acontecido, principalmente quando ela se torna uma catalisadora de reflexões profundas que nos conduzam a reflexões importantes que nos ajudarão a chegar a resultados que jamais chegaríamos se não tivéssemos perdido algo que nos forçasse a rever nossos velhos conceitos. Por incrível que pareça, para alguns à primeira vista, definitivamente, às vezes perder pode ser muito mais importante do que ganhar.

Falamos da perda no sentido de não obtermos um resultado almejado e, justamente por isso, sermos forçados a modificar estratégias, maneiras de pensar e, dessa forma, descobrirmos novos caminhos que nos conduzirão ao ponto almejado, ou talvez, além. Não tenham dúvida, saber perder é uma virtude tão grande quanto saber ganhar. Em uma negociação frustrada, por exemplo, tiramos muitas lições profundas acerca do que não se deve fazer, o que em negociações futuras pode ser fator determinante para conseguirmos sucesso na empreitada.

Na vida conjugal a discussão com a esposa ou marido, tão desgastante para todos nós, pode nos oferecer subsídios para que nos decidamos a olhar para dentro de nós mesmos, a fim de detectar as causas reais para nossas irritações, ansiedades, origens de nossas inseguranças, temores e humor instável. Somente assim, conseguiremos redescobrir nossa capacidade de compreensão, redirecionando posturas mais amáveis, afetivas, cenários que propiciem o diálogo e o entendimento.

Na história das guerras, algumas derrotas foram mais significativas que determinadas vitórias, como aconteceu com Napoleão Bonaparte em território russo, onde seu exército foi praticamente dizimado. Dos 500 mil homens que o acompanhavam, apenas 50 mil retomaram. E foi essa derrota que selou o final da era napoleônica na Europa. Se, talvez, ele tivesse perdido uma batalha de menor porte, em identidade de circunstâncias, poderia ter se precavido dos perigos que o aguardavam nas geladas e desoladoras terras do Cáucaso. Eu diria que nesse caso, seu exército até então invencível, teve um grande inimigo: o excesso de autoconfiança. O fato de nunca ter perdido uma batalha foi mais letal que uma derrota. Já percebeu como é extensa a relação de pessoas bem-sucedidas, ou mesmo filhos e pessoas mais próximas, que relatam experiências da fase em que estudantes, dispersos, imaturos ou inconsequentes despertaram para a importância e o prazer de interagir com o saber acadêmico, após terem sido reprovados em alguma série?

E em seu caso, quais foram as principais perdas de sua vida? Quais ensinamentos pode extrair delas? Identifica alguma experiência (ou algumas) que, num primeiro momento, soou como negativa e posteriormente mostrou-se positiva? Vamos lá, não é só Napoleão que colheu grandes derrotas em sua vida, nós também. No entanto, que tal se começássemos a atribuir um novo significado a essas derrotas? Se começássemos a enxergá-las como avisos, verdadeiras conselheiras para nos guiar no futuro ao sucesso que tanto buscamos?

No *Tao Te Ching*, o livro sagrado do Taoísmo, filosofia milenar chinesa, LaoTse diz:

"Aquele que conhece os outros é sábio; mas quem conhece a si mesmo é iluminado!

Aquele que vence os outros é forte; mas aquele que vence a si mesmo é poderoso!

Aquele que a conhece a alegria é rico. Aquele que a conserva em seu caminho é afortunado.

Seja humilde e permanecerás Íntegro.

Curva-te e permanecerás ereto.

Esvazia-te e permanecerás repleto.

Gasta-te e permanecerás novo..."

Palavras simples e sábias, como tudo o que realmente importa em nossas vidas. Agora pare e pense um pouco em todas as adversidades de seu ambiente de trabalho, o chefe autoritário, o mercado difícil, o salário baixo, as condições de trabalho complicadas e tudo o mais que estiver aí envolvido, e reflita sobre a melhor forma de transformar essas aparentes derrotas em grandes vitórias!

Sei que o assunto não é novo nem tampouco as perspectivas, mas temos tendência a nos acomodarmos esquecendo de que não é necessário inventar a roda. É preciso fazê-la girar! A única forma de ganhar sempre é aprender a tirar proveito, inclusive das perdas e derrotas que enriquecem nosso caminhar, impulsionando nossa capacidade de avaliar, reagir e fazer novas escolhas.

Apenas para exemplificar: nos mercados financeiros, os maiores investidores da bolsa de valores ou da bolsa de mercadorias e futuros têm a mesma opinião sobre as perdas. Devem-se absorver as perdas rapidamente e maximizar os ganhos. Toda filosofia operacional visa à gestão de risco e maximização dos lucros. O uso de gráficos e análise fundamentalista é apenas para dar suporte para que o investidor profissional decida como vai lidar com as perdas, de modo que, quando vierem os ganhos, tudo seja compensado!

As Perdas na Vida

Assim como na bolsa, na vida não é muito diferente. Quem demora muito tempo para reagir a uma perda, corre o risco de ser devorado por ela. Pode ser um problema simples ou algo muito mais complexo. Se não estivermos atentos ao impacto que deixaremos que as perdas tenham em nosso dia, certamente teremos graves problemas! O nome que se dá atualmente às pessoas que têm grande capacidade de se recuperar de grandes problemas é resiliência.

Quanto maior for nosso nível de resiliência, maior será nossa capacidade de reagir com lucidez perante os obstáculos que tivermos em nossa caminhada. Quem tem menos nível de resiliência, normalmente passa grandes períodos em profundo sofrimento e com sua vida completamente travada.

Tenho convivido e trabalhado com pessoas que traumatizados pelas perdas, simplesmente param suas vidas! Esquecem que este é apenas um lado da moeda, um modo de ver as coisas. E que todos os humanos perdem sempre alguma coisa. Na economia da vida, para se ganhar algo, irremediavelmente abrimos mão de outra opção. Vejamos:

Quem casa com alguém "perde" a chance de casar com outras possíveis pessoas que se candidatassem.

Quem lê um livro, abre mão de naquele mesmo momento ler qualquer outra coisa.

Quando comemos algo, abrimos mão de comermos outro alimento no mesmo instante.

Se vamos dormir às 22h, abrimos mão de dormir às 23h ou em qualquer outro horário.

Se fazemos aniversário, perdermos mais um ano de nossas vidas e ficamos mais perto da morte.

Esses são apenas alguns exemplos. Não há como afirmar que nunca perdemos nada. Estamos sempre perdendo algo o tempo todo, mas não nos sentimos mal por isso, seja porque não achamos que seja uma perda ou porque simplesmente sequer pensamos em termos de ganhos e perdas a cada escolha que fazemos. Isso significa dizer que perder é algo muito natural na existência de todos os seres. Filosoficamente, podemos chamar essas perdas de transformações, mas em essência são perdas, pois não poderemos recuperar nunca o tempo perdido.

Então por que se apegar tanto a dores que têm a tendência de serem melhor assimiladas se tivermos uma visão positiva da vida e de nossa capacidade de superá-las? Enquanto vivemos nosso propósito de vida, certamente perderemos muitas coisas ao passo que estaremos ganhando inúmeras outras. E o mais importante não é saber quando se perde ou quanto se ganha, mas como nos sentimos quando perdermos e como nos sentimos quando ganhamos. A sensação de felicidade é fruto desse desapego de querer controlar o futuro e passar a desfrutar mais intensamente o presente. É um estado de espírito como já falamos antes. Felicidade não se encontra, se sente. Encontramos objetos perdidos, locais a que precisamos chegar, mas não estados emocionais. Estados emocionais são sentidos quando temos uma perspectiva mental sobre o instante que vivemos. De acordo com a perspectiva que estivermos tendo, teremos um estado emocional correspondente.

Por isso que a mesma situação que faz sofrer uma pessoa, nada causa à outra. Cada um de nós, de acordo com sua percepção da vida, reage de maneira muito particular frente a qualquer acontecimento. Chega um período que passamos a compreender que não existe nada bom ou mal essencialmente. O que existe é uma abordagem fortalecedora e outra enfraquecedora para cada momento vivido.

Não tenha medo de sofrer com suas perdas. Assimile-as o mais rápido que puder, mas respeite seu próprio tempo sem se acomodar na dor. O luto é necessário para todos nós. Precisamos fechar emocionalmente o ciclo que se fecha para estarmos inteiros no ciclo que se abre. Compreender esse processo pode ser libertador, pois nos tira o peso de sermos perfeitos e de termos que fingir que estamos bem quando na verdade não estamos.

Como diz o ditado: "Nem tanto ao céu, nem tanto à terra!". Nem devemos negligenciar nossas perdas, sem supervalorizá-las. Apenas compreender que tudo na vida traz junto consigo um profundo significado. E saber ler esses sinais, esses significados, pode ser a grande diferença entre ser uma pessoa realizada ou simplesmente ser mais alguém a apenas passar pela vida!

EXERCÍCIO:

Liste cinco momentos em sua vida em que ocorreram o que você chama de perdas. Liste cinco momentos que você chamou de ganhos. Nas perdas, identifique as aprendizagens que aconteceram após essas experiências e a forma como repercutiram e ainda repercutem em sua vida. Nos ganhos, a reflexão é mais profunda: tente identificar quais seriam os possíveis cenários, tivesse o resultado sido outro; nesse caso, as eventuais possibilidades de aprendizado com essas supostas adversidades que não foram enfrentadas!

15

Você Já Sofreu por Amor?

*"Há pessoas que amam o poder
e outras que têm o poder de amar."*
BOB MARLEY

COMENTÁRIO: ESTE FOI UM NOS ARTIGOS DE MAIOR REPERCUSSÃO. Apesar de o título sugerir propositalmente uma ponderação a respeito do amor, a proposta é ainda mais ampla. Nosso enfoque foi avaliar qual postura poderia ser mais prudente para se enfrentar situações adversas e o amor, essência humana, como sempre nos ensinou muito...

Você Já Sofreu por Amor?

VOCÊ JÁ SOFREU POR AMOR? O sofrimento é uma das emoções mais experimentadas pela maioria das pessoas que conheço, e creio que no seu círculo de relacionamentos e através da mídia pode percebê-lo. Já notou como nos comportamos quando sofremos, na maior parte das vezes em que as dificuldades nos visitam? Normalmente, a sensação de sofrimento é precedida por alguma imagem em nossos pensamentos que nos conduzem até ele. Ao interpretarmos essa imagem de forma negativa, um mecanismo associativo dispara uma reação correspondente de forte teor emocional, o que nos leva a vivenciar o desagradável estado correspondente. Outra característica, no mínimo interessante, é o fato de agirmos impulsivamente e acharmos que a situação causadora do sofrimento não vai passar tão cedo. Lembra-se das vezes que sofreu por amor? Tem gente que se tranca no quarto, outros se entregam à bebida ou se tornam pessoas violentas. Há os que busquem apoio em drogas ilícitas e outros que chegam ao limite extremo de atentar contra a própria vida. O curioso é observar que, antes do que imaginávamos, a dor experimentada, da qual tiramos aquela ideia de que seria eterna, vai por água abaixo tão logo algo novo acontece. É a pessoa querida que nos telefona, ou conhecemos outra pessoa que nos desperta para novas descobertas, vislumbrando um sentimento mais profundo, e até mesmo, uma vez fora do vínculo continuado, percebemos que o encanto não era tão intenso quanto parecia e seguimos adiante. Há ainda quem sofra muito, mas chega o dia em que a vida convida a outras estradas, é quando, depois de bastante tempo, acorda e resolva mudar tudo, de onde renasce uma pessoa fortalecida. É ou não é assim? É lógico que há exceções, mas a regra persiste.

Não adianta desejarmos melhores resultados para nossas vidas na esfera pessoal ou profissional se não modificarmos a forma como pensamos. Pensamentos despertam emoções boas ou más e, principalmente, não dá para construir um futuro congruente com nossos objetivos se não aprendermos a passar por momentos difíceis de cabeça erguida! Já imaginou se o capitão de um navio pulasse no mar todas as vezes que houvesse ondas fortes e ele temesse que o navio fosse naufragar? Ou se um piloto entrasse em pânico em qualquer turbulência pela qual o avião passasse em suas inúmeras viagens? Fico imaginando o quanto seria temeroso nos submetermos a uma cirurgia, em que um médico desequilibrado emocionalmente, apegado a detalhes, examinasse tão somente o objeto de sua especialização, e sem conhecimento clínico geral, fosse surpreendido por uma complicação acarretada por outro órgão... Já pensou se no desespero dele (e meu?!!), ele descontrolado começasse a gritar por socorro, desistisse ou tivesse uma crise nervosa'? Não dá para comer omelete sem quebrar o ovo! Precisamos aprender a encarar as adversidades com a cabeça erguida e com uma visão sistêmica e não reducionista. É essa visão por vezes restrita que nos leva a pensar que o mundo está contra nós. O mundo tem muito mais o que fazer que ficar concentrando esforços em nos prejudicar, não acha?

Visão sistêmica é a visão do todo a se constituir dos diversos sistemas que se interagem. É como estar no alto de um prédio enxergando todas as avenidas ao redor ou estar em um helicóptero visualizando toda uma cidade. Visão sistêmica é "ver de fora" o que acontece conosco. Quando estamos envolvidos emocionalmente em uma situação, às vezes temos enorme dificuldade de mantermos a serenidade que nos permitirá tomar decisões equilibradas. É compreender que há duas mil causas diferentes para dor de cabeça e que uma delas é dor de estômago, ou seja, quem tiver essa causa para a cefaleia e ficar somente tomando remédio para dor de cabeça e esquecer de tratar o estômago, estará utilizando-se de paliativo e permitindo que a causa real possa se agravar. Desenvolver a visão sistêmica é conceber não apenas a situação no presente, mas compreender muitos de seus possíveis desdobramentos no futuro. E, dessa forma, não se assuste se descobrir que a maioria das causas que lhe fazem sofrer atualmente, no futuro pouca importância terão, seja porque se resolverão sozinhas ou porque de uma forma ou de outra você aprenderá a lidar com elas. Vale a pena ficar entregue a essas sensações negativas sem nada fazer para vencê-las? É como sofrer por amor...

A maioria das pessoas bem casadas que conheço experimentou relacionamentos anteriores difíceis e que fracassaram, sofreram por amor antes de se casarem e, em alguns casos, mais de uma vez. Isso quer dizer que somente se casaram porque puderam superar as dores da alma, transpondo o que passou. Afinal, ainda bem que esses relacionamentos acabaram, caso contrário, não teriam se casado com seus parceiros atuais, concorda? Essa é a magia do tempo. O tempo, aliado às novas aquisições, nos ensina a ter equilíbrio e a compreender que tudo passa, sempre. Dessa forma, se está com problemas profissionais, quer mudar de emprego, está insatisfeito(a) por ganhar pouco, tem um algum chefe complicado ou está desempregado, tenha calma, pois cabeça quente somente só é boa para palito de fósforo. Se você está com problemas de aprendizagem, precisa gerenciar melhor seu tempo, insisto: tenha calma e busque expandir sua visão como se estivesse em um helicóptero. Permita à sua mente, de forma mais harmoniosa, estudar o que você chama de problemas e tenha opções criativas de solução. Tente se recordar das vezes em que sofreu por amor no passado e de como superou esse problema. Quem sabe você não consiga fazer o mesmo com o que o aflige atualmente?

Albert Einstein disse que o que era mais extraordinário no universo é que ele era capaz de ser explicado. Pois bem, tomo de certa ousadia para afirmar que o que é mais incrível na vida é que ela tem determinadas leis que a regem e que podem e devem ser percebidas e bem trabalhadas. Vejam que em todos os artigos que trabalhamos até agora, nós temos, na realidade, falado de vida, do dia a dia, do cotidiano, do feijão com arroz! Compreender e aceitar como as coisas funcionam e perceber suas consequências em nossas vidas é um grande diferencial para chegarmos aonde desejamos.

Mesmo antes de descobrirmos a lei da gravidade, os fenômenos inerentes a ela sempre aconteceram. Antes de Newton falar da gravitação universal, todo o corpo em torno da Terra continuava sendo atraído para seu centro, ainda que a lei fosse desconhecida. Antes de compreendermos o incrível mundo da eletricidade, ela se fazia presente em situações corriqueiras. Antes de tomarmos conhecimento das implicações do fenômeno estufa, já sentíamos suas consequências. O que quero dizer é que conhecendo ou não a importância do pensamento sistêmico, a sua vida e minha continuarão sendo gerenciadas por ele, pois tudo obedece a um sistema universal. Compreender essa realidade é dar-se uma nova visão da vida, do mundo.

EXERCÍCIO:

Tente se recordar de um acontecimento que, no primeiro momento, mostrou-se muito desagradável e, naturalmente, negativo, e que depois de uma mudança de postura de sua parte, ele passou a ser saudável, positivo. Quem não conseguir identificar uma só situação sequer, pode e deve fazer uma grande reavaliação de sua vida. Para aqueles que encontrarem, vejam que se isso ocorreu pelo menos uma vez, pode ocorrer sempre. Tome atitudes imediatas que levem esse conceito a outras áreas de sua vida!

16

Sucesso Profissional e Qualidade de Vida: Uma Parceria Possível

> O maior mistério do universo,
> é que ele é compreensível.
> *EINSTEIN*

COMENTÁRIO: MUITAS PESSOAS acham que excelência profissional e qualidade de vida são dois fatores que não podem andar juntos. Será que não podem ou não têm andado devido a alguns equívocos de nossa parte? Agora falaremos sobre como construir uma vida equilibrada em que trabalho e prazer andem juntos, em que carreira e qualidade de vida sejam aliados de forma a nos ajudar a desfrutar uma existência muito feliz...

Sucesso Profissional e Qualidade de Vida: Uma Parceria Possível!

Você É UMA DAQUELAS PESSOAS que acha que não consegue parar e descansar um pouco sem experimentar uma grande culpa, pensando que deveria trabalhar cada vez mais, pois o tempo não para e os concorrentes também não? Já experimentou levar trabalho para casa no final de semana e fazer hora extra enquanto dorme, sem receber um centavo, quando sonha com as atividades profissionais e se envolve emocionalmente? Ou será que já teve o "enorme prazer" de ser interrompido em seu almoço ou nos melhores instantes em família por telefonemas inesperados que sempre lhe trazem notícias esperadas, do tipo "volte ao trabalho, imediatamente!". Se esse não é seu caso, conhece ou já ouviu falar de alguém assim? São situações cada vez mais comuns em nosso cotidiano.

É o império do estresse, de uma carga de trabalho que se intensifica cada vez mais, restando cada vez menos tempo para o indivíduo cuidar de sua qualidade de vida. E os números sobre o assunto são graves: atualmente, nós brasileiros trabalhamos uma média de 48 a 52 horas por semana e a projeção é que até 2015 esse número aumente para 54 horas. Vale lembrar que, segundo um estudo feito no Japão, realizado com 25 mil profissionais, exposições continuadas a determinadas situações estressantes, como o visor de um computador, após 5 horas consecutivas, podem propiciar problemas com ansiedade, insônia e fadiga. Resumindo: os fins começam a virar meios e os meios, há já muito tempo, se tornaram fins!

Quando somos mais jovens e alguém nos pergunta o que queremos ser no futuro, normalmente a resposta se orienta na crença de algo que nos conduza a um patamar socioeconômico, de modo a permitir uma certa liberdade financeira para viajar, ficar com a família, ajudar aqueles que amamos, investir em nosso aperfeiçoamento e assim por diante. O problema é que, sem perceber, começamos a nos dedicar tão intensamente à luta pela sobrevivência que nos acostumamos a somente lutar para simplesmente sobreviver.

Parece até uma incoerência, mas muitas pessoas somente descansam, ficam com a família e colocam suas leituras em dia quando ficam doentes e, por tal, impossibilitadas durante algum tempo de trabalhar! Há algum tempo, recebi uma ligação de uma amiga, desesperada porque sofreu uma estafa e o médico a afastou do trabalho por um mês, sob risco imediato de sofrer sérias consequências para sua saúde. O curioso nessa história é que duas semanas depois tive a oportunidade de estar com ela e ter a ousadia carinhosa de lhe aconselhar, sugerindo que abrisse mão de um dos três empregos que tinha até então, que a afastavam quase que totalmente do convívio doméstico e dos amigos. E, para não fugir à regra, ela me disse que precisava trabalhar e que não aconteceria nada, que estava me preocupando à toa. Assim que me contou o que ocorreu ao telefone, recordei-me de nossa conversa e, apesar do momento delicado, refleti que ela estava tão somente colhendo o fruto que semeou, vivenciando o efeito gerado pelas causas que sustentou.

É compreensível o fato de que trabalhamos em um mundo repleto de desemprego e ao qual precisamos dar uma resposta à altura da pressão imposta pelo mercado. No entanto, por descuido, não podemos esquecer de que a falta de cuidados conosco representa também riscos para as finanças, pois os custos que decorrem da falta de saúde são elevados, além do que, determinados profissionais, não podendo trabalhar, deixam de ganhar, pois dependem apenas de seus esforços, não tendo vínculos empregatícios que lhes garantam o recurso em tais situações.

Lembre-se de que você é seu maior ativo. Ter qualidade de vida não é luxo, mas condição básica para um crescimento profissional sustentável. É ter visão de futuro. Nosso corpo é uma máquina, e assim como um automóvel, precisa de manutenções periódicas. E se o motor esquenta acima da normalidade, é necessário parar e esperar que esfrie, sob pena de obtermos grande prejuízo e risco de vida. Reflita que sua força mental, matriz da criatividade, ousadia, intuição, percepção, dentre outros, sofre interferência direta de seu organismo e este, por sua vez, sofre interferência direta do estado da saúde emocional. Eis a lembrança do provérbio latino *men sana in corpore sano*!

Vamos lá, reflita sobre quais intervenções imediatas se fazem necessárias no cuidado de si, seu bem mais precioso, e veja esse cuidado especial não como perda de tempo, mas como investimento, uma espécie de "manutenção preventiva". Há um ditado que diz que lâmina cega não corta a carne. Procure equilibrar seu tempo de forma que você possa investir em sua atividade profissional sem perder de vista os cuidados com sua saúde e com seu bem-estar.

Infelizmente, há quem prefira pagar um altíssimo preço para somente depois começar a pensar em como poderá equilibrar seu trabalho com o restante de sua vida.

Não espere perder pessoas importantes, sua saúde, seu emprego para entender isso. Nunca ouvi falar de alguém que no leito de morte tenha dito que se pudesse voltar no tempo faria mais horas extras. Pacientes em estado terminal, conforme citado pela Dra. Elizabeth Kubler Ross, conforme falamos no capítulo 06, se queixam é da vida harmoniosa que poderiam ter tido e não tiveram, principalmente quando a razão disso foi sua negligência em cuidar de aspectos importantes para seu bem-estar.

No intuito de dar algumas dicas de ordem prática para ajudar a aliviar essa desarmonia que algumas pessoas alimentam na relação trabalho x qualidade de vida, seguem alguns itens abaixo:

1 - Faça *Pit Stops*

Aprenda a fazer *pit stops* durante seu trabalho – os *pit stops* são pequenas paradas no meio do dia para você evitar o acúmulo de estresse, tão comum entre as pessoas. É um simples instante que pode evitar que um eventual aumento de cansaço gere irritação e essa irritação evolua para um incômodo, acarretando, por sua vez, incidentes, como discussões com outras pessoas devido ao aumento da sensibilidade, e assim por diante. Simplesmente, pare! Vale ligar para alguém de quem goste, fazer um alongamento ou tomar um cafezinho.

2- MEDITE

Aprenda a cultivar o hábito saudável de fazer meditação: antigamente, meditar era visto como uma prática esotérica. Atualmente, após inúmeras pesquisas que apresentam seu efeito benéfico em várias áreas da vida, aprendemos que a meditação é excelente para desenvolver a intuição, a criatividade e, principalmente, relaxar! Escolha um lugar silencioso, com uma música agradável – preferência com sons da natureza – feche os olhos e deixe-se levar nos primeiros minutos por sua mente cansada, sem esforçar-se por deixar de pensar ou pensar em alguma coisa. Simplesmente, entregue-se. No início pode parecer complicado, pois vem uma grande turbulência. Depois, tudo vai se acalmando, semelhante ao que acontece quando agitamos as águas de um rio que naturalmente com o tempo tendem a voltar à passividade anterior. A ideia é desligar-se, ainda que momentaneamente, da agitação mental que nos incomoda: contas a pagar; problemas com o chefe; dificuldades amorosas; preocupação com filhos etc... Seja persistente. Se experimentar alguma dificuldade nas primeiras vezes, continue a tentar. Não cometa o erro de nadar, nadar e morrer na praia! Medite, pelo menos, 3 x por semana.

3- VIAJE PARA REFLETIR

De tempos em tempos viaje sozinho para um lugar totalmente neutro e reflita sobre sua vida e suas prioridades. Tire um tempo para si mesmo. É o que chamamos de momento sabático. O retiro sabático é um período o qual tiramos para nós mesmos. Pode ser uma viagem de dois dias em um hotel fazenda ou um período de semana viajando.

Pense no tempo que vem despendendo para construir ou manter um determinado padrão de vida e qual o custo para sua qualidade de vida! Peço que seja feita em ambiente neutro, pois nos tornamos mais imparciais quando nos distanciamos fisicamente dos lugares em que temos por hábito de estar. Além do que, viajar é sempre uma ótima oportunidade relaxar.

4- Inove: Escreva Uma Carta para Si Mesmo

Escreva uma carta para si mesmo dizendo como deseja estar daqui a seis meses, por exemplo. Descreva as mudanças que deseja que ocorram, ou mesmo o que deve ser mantido no ritmo atual de sua vida. Depois peça a um amigo que guarde essa carta e envie a você depois desse tempo. É incrível como a maioria das pessoas esquece e sempre se surpreende quando recebe a carta. Nessa carta, fale como deseja estar equilibrado na divisão do tempo entre seu trabalho e sua vida pessoal. Quando receber sua carta, cheque o atual momento de sua vida.

5 – Descubra o Que é Inegociável para Você

Identifique situações e hábitos em sua vida que são muito relevantes para você ter essa harmonia. Pode ser ter os finais de semanas livres, sempre tirar férias todos os anos, meditar todas as noites ou mesmo separar um tempo semanal para estar com os amigos. Enfim, enumere claramente o que é fundamental para você ou mesmo essencial para que o equilíbrio de sua vida não se perca. E, claro, tendo essa consciência, cuide do que é importante para você.

EXERCÍCIO:

Além de fazer os exercícios acima, pegue novamente sua missão e compare com a maneira que você vive atualmente em relação a seu trabalho e sua vida pessoal. Procure, caso haja, identificar o que está em desalinho com esse equilíbrio e veja como agir o quanto antes para voltar a se alinhar.

17

Trabalho e Prazer Podem Andar Juntos?

> Na própria essência de nosso esforço de compreensão, está o fato de que por um lado, tentar englobar a grande e complexa variedade de experiências humanas, e de outro lado, procurar a simplicidade e a economia nas hipóteses básicas.
>
> *ALBERT EINSTEIN*

COMENTÁRIO: É COMUM ENCONTRARMOS pessoas aborrecidas com suas vidas profissionais, insatisfeitas com a carreira e sem estímulo algum para iniciar em mais um dia de trabalho quando despertam. O trabalho configura-se numa espécie de prisão ou castigo. Mas, será que precisamos ser prisioneiros dessa realidade, ou seria possível transformá-la? Embora tenhamos abordado anteriormente a questão, é necessário aprofundarmos um pouco mais...

Trabalho e Prazer Podem Andar Juntos?

PROCURE IMAGINAR COMO SERIA SUA VIDA PROFISSIONAL se não houvesse que se preocupar tanto com a cobrança dos outros, se você realmente pudesse, ainda que por um momento, viver a intensidade de seu desejo em vez de ser prisioneiro das suas necessidades? Idealize como seria interessante dar vazão a seus instintos criativos em detrimento da racionalidade cerceadora que nos impede de crescer e inovar? Frequentemente temos o conhecimento da realidade na qual estamos inseridos, com todos os contornos dos problemas e vantagens, mas ainda ignoramos toda a gama de outras possibilidades que poderão se apresentar como oportunidades. Para quem teve a oportunidade de assistir ao filme *Matrix*, poderá observar ali um exemplo em que, diante de múltiplas realidades para interagir, nem sempre escolhemos a melhor. Você já deve ter percebido que viemos insistindo na importância de não termos medo de ampliar nosso foco de vida, de trabalhar com novos conceitos que possam dilatar a maneira pela qual nos posicionamos no mundo. Entretanto, pouco adianta conhecermos novas ideias se o receio de mudar e de abrir mão de algumas escolhas que não raro nos escravizam nos impeça na construção da realidade de nossos objetivos mais sinceros.

Algumas pessoas encaram o trabalho como tortura. Aliás, essa ideia dolorosa do trabalho vem de sua origem etimológica. A palavra trabalho vem do latim *tripalium*, que significa instrumento de tortura, ou seja, trabalhar é como caminhar para a forca para alguns, um mal necessário para outros. O problema é que esse pensamento equivocado tem prejudicado a maioria dos indivíduos que conheço. A questão é delicada, pois em nossa vida produtiva, passamos mais tempo trabalhando do que com nossa família, no lazer ou quaisquer outras atividades. Já imaginou ficar a maior parte do tempo sentindo-se torturado e, naturalmente, infeliz? Associamos prazer normalmente com qualquer coisa fora das atividades profissionais, de preferência ao período de férias. É comum ouvirmos pessoas afirmarem que se ganhassem na loteria não saberiam exatamente o que fazer com tanto dinheiro, mas com certeza deixariam de trabalhar. Essa ideia que chega a ser fixação para alguns os impedem de identificar aí a causa de muitas das dificuldades, contrariedades, oscilações do humor, do sono e da saúde em geral. Essa inaceitação de algo tão presente e real na vida, qual seja o labor diário, dificulta nossa caminhada, ao passo em que aliando prazer à atividade profissional, estaremos otimizando nossa qualidade de vida.

Alguns leitores poderão dizer que pode ser fácil escrever sobre esse assunto quando se faz o que gosta e que difícil mesmo é ter de submeter-se a jornadas estressantes, ao lado de chefes autoritários, ganhando baixos salários ou desempenhando tarefas ou atividades que não são apreciadas. Num lamento, concordarão outros por se sentirem subjugados pelo *tripalium*, sem nada poder fazer a não ser chorar e esperar pelo dia de amanhã e o seguinte, sem perspectivas de melhoria. Embora nem tudo sejam rosas, e mesmo estas ainda têm espinhos, convenhamos que não podemos ignorar a possibilidade e mesmo a necessidade de construir uma vida profissionalmente saudável. Então pergunto: vamos ficar parados, reclamando de tudo e de todos sem envidarmos esforços para mudar? Será que não é realmente possível mudar algo que seja? Meus amigos, não se deixem enganar pela falsa sensação de impotência. Temos todos os recursos necessários para tentar sanar nossas dificuldades, entretanto, precisaremos aceitar o fato de que toda mudança começa em nós. Sendo necessário, desse modo, fazer antes algumas mudanças, não fora, mas dentro de nós. Lao-Tseu, *Tão Te King*, disse que a pessoa muito insistente em seus próprios pontos de vista encontra poucos para concordar com ela.

Preparando a Mudança

Vamos lá, feche os olhos. Imagine-se fazendo o que gosta, com quem gosta e como gosta. Perceba os detalhes desse prazer e comece a perguntar para sua parte inconsciente, que é sábia, como é que você pode chegar lá? Preste bem atenção às respostas e permita-se a oportunidade de sonhar...

Depois, abra os olhos e anote todas as características que você gostaria que sua vida profissional tivesse e ainda não tem. Escreva sem medo. Anote até os menores detalhes. Permita que a sensação de entusiasmo preencha sua mente, ainda que por poucos minutos.

Depois de terminar esse importante exercício, pense com clareza nos reais motivos que o separam de seu desejo profissional. Talvez a distância hoje seja grande, mas lembremo-nos de que todo doutor um dia foi um simples estudante que fez a primeira série. Que toda grande empresa precisou começar de algum lugar, e que mais importante que a velocidade com que caminhamos é o sentido para onde estamos nos dirigindo.

Faça um projeto para você. Lembre-se de que você é seu maior projeto! Mesmo que este projeto seja de médio ou longo prazo, certamente os primeiros passos para alcançá-lo é possível dar. Inicie com calma, mas vá adiante. Atualmente, e cada vez mais, um número maior de pessoas toma coragem e prepara sua guinada profissional. Os nossos olhos precisam sempre brilhar; o brilho no olhar espelha o brilho da alma, mesmo quando temos problemas. Ao perceber que eles não mais brilham em sua atividade profissional, é sinal de que alguma coisa está errada. E como nunca é demais lembrar: tempo é uma moeda preciosa e o maior de todos os mestres... pena que ele mate todos os seus discípulos. Desse modo, você pode pagar para ver e arriscar-se a ser um pouco mais feliz ou continuar na estrada da segurança, se é que seja efetivamente segura. Além do que, a estrada da segurança nem sempre é a da felicidade. Escolhas nem sempre são simples, mas necessárias. Escolhemos a todos os instantes e somos responsáveis por elas.

Que tal escolher dar um toque especial em tudo o que você faz em seu cotidiano profissional? Sugerimos três atitudes simples e de grande impacto:

> 1- *Pare de vez em quando: não se iluda achando que é possível manter-se ligado no seu 100%. É preciso dar uma refrescada no motor para o carro não pifar. Dessa forma, no meio do dia ou em momentos em que pressentir a tensão se aproximando, dê uma parada estratégica para ir ao banheiro lavar o rosto, ler uma mensagem edificante e calmante ou tomar um cafezinho. Inspire e expire pelo nariz em uma contagem mental de 1 a 4, de forma rítmica. Assim conseguirá diminuir a ansiedade e evitar a perda da lucidez em momentos desafiadores.*

2 - Acalme-se: ao ser surpreendido por uma situação inesperada que tire seu chão, não se desespere. Uma dica interessante que aprendi e sempre uso é contextualizar o problema dentro de uma perspectiva em longo prazo. Funciona assim: escreva o incômodo e seus possíveis desdobramentos no papel. Feche os olhos e visualize-os. Provavelmente, ao final dessa operação, você poderá experimentar desconforto já que enfatizou uma situação que lhe desagrada. Agora, visualize uma linha imaginária no chão, a qual chamaremos de linha do tempo. Escolha em que lugar situar o passado e o futuro. Fique no meio, que será o presente. Feche os olhos no momento presente, em cima da linha, deixando-se associar à sensação desagradável. Abra os olhos e caminhe em cima da linha em direção ao futuro e pare em um momento que simbolize um tempo suficiente para os efeitos do incômodo terem cessado. Vá até lá e associe-se outra vez. Lembre-se de como foi que passou os efeitos do incômodo. Naturalmente, sua mente indicará acontecimentos ou posturas adotadas que fizeram com que os efeitos desagradáveis se diluíssem no decorrer do tempo. Sinta o prazer de estar em um momento em que tenha superado tudo e retorne, dando passos para trás, dentro da linha, até o momento presente. Pare e procure registrar o que sentiu no futuro, quando tudo havia passado, e busque agir de acordo com as dicas que sua mente lhe deu enquanto estava naquele instante.

A vantagem desse simples exercício é auxiliar-nos de imediato a tirar o foco dos problemas, nos dissociando do pessimismo inicial que normalmente se abate sobre nós. E quando retornamos ao instante presente com a certeza de que tudo passará é comum nos sentirmos mais fortalecidos para superarmos os desafios!

3- O que você faria se soubesse que tudo daria certo? Essa pergunta é motivadora para despertar em nós a capacidade criativa e de ousadia no momento de tomar decisões. Via de regra, nos podamos e autocriticamos de acordo com nossas crenças a respeito de nosso comportamento.

"Eu deveria ter feito melhor... ", "Por que não pensei nisso antes... ", "Eu não acredito que tenha feito isso... ". Recorda-se dessas frases? Pois é, não apenas você, como eu e a humanidade toda temos nossos momentos de incertezas, instabilidades e arrependimentos. E fragilizados embotamos nosso senso de autoconfiança, minando nossa determinação. Fazer a pergunta acima e estar receptivo(a) às respostas que daí decorrem é uma forma de mobilizar nossa consciência realizadora que adormece em instantes de carência de autoestima e confiança em si mesmo. Não se espante se ao deparar com algumas respostas, experimentar aquele friozinho na barriga, aquela sensação de que é arriscado, mas poderá valer a pena!

Cada um poderá interferir positivamente em seu trabalho. Basta repensar a forma como tem agido. Recordo-me do tempo em que, ao tomar ônibus pela manhã, a postura de alguns motoristas e cobradores com frequência me influenciavam a ter um início de dia maravilhoso. Eram pessoas sorridentes, amáveis, que não expressavam nos gestos ou olhar a realidade do ganho modesto, ou mesmo dos problemas, por vezes tormentosos. Mesmo quando não estiver bem, sorria. O sorriso é um relaxante natural e contagia mais que o mau humor. Acredito que as raízes de grandes problemas em nossa vida não se restringem aos erros, ou ao mal que cometemos, mas se estendem aos erros que deixaram de ser cometidos pelo medo de tentar (e, por consequência, aprendizagens preciosas deixaram de ser aquinhoadas) e até mesmo nas atitudes que deixamos de fazer, como deixar de cumprimentar, sorrir ou ser simpático, tão somente porque o outro não nos retorna com a mesma conduta. Você daria aos outros o poder de determinar como viver sua vida? Não se prive do seu direito de escolher o melhor para si e espalhe o que de melhor puder também para o mundo. Não tenha dúvidas de que o retomo ocorrerá.

Outra medida simples, mas que nos auxilia a fazer da nossa atividade profissional uma fonte de prazer, são as pessoas. O psicólogo Martin Selingman, pesquisador norte-americano, um dos mais respeitados estudiosos do mundo sobre as origens da felicidade humana, afirma que pessoas felizes não são as que fazem tudo o que desejam, mas aquelas que gostam de outras pessoas.

É isso mesmo, segundo o Dr. Selingman: quanto maior for a sua capacidade de interagir com seus semelhantes, sem se preocupar em perceber-lhes as diferenças, mas os pontos interessantes, maior será nossa possibilidade de alcançar momentos mais intensos de felicidade*.

Assim sendo, preste mais atenção às pessoas que convivem com você no ambiente profissional. Se você fizer a opção de se isolar, criará um círculo vicioso, difícil de ser rompido: ao se isolar, afasta-se dos outros, e esse comportamento aumenta a sensação de solidão e indiferença. As outras pessoas provavelmente se afastarão de você ao considerá-lo(a) muito fechado(a), e assim dará mais vida ao ciclo, percebe?

É contagiante o cultivo da gentileza e do bom humor no trato com os companheiros de trabalho. Basta-nos experimentar em pequenos gestos, como o de registrar a data e cumprimentá-los por ocasião do aniversário, organizar uma festa surpresa, elogiá-los pela tarefa bem feita, enfim, procurar cultivar bons hábitos de relacionamento. Não coadunar com os mexericos e fofocas, essa atitude estéril de consequências saudáveis, e evitar a inveja, sentimento que procede do egoísmo por parte daqueles que não suportam o sucesso alheio. Transforme a inveja em admiração. Procure fazer interiormente, como dissemos, um benchmark do que há de bom em quem você não aprecia tanto. Todos temos qualidades; busque a neutralidade e identifique-as. Mais cedo ou mais tarde perceberá os resultados externos, pois o interno, antes do que imagina, o sentirá através da percepção de leveza por não precisar acumular para si, além das habituais, a função de ajuizar. É muito bom conquistar o poder de mudar um ambiente para melhor a partir das nossas atitudes favoráveis, contagiando-o com nosso magnetismo pessoal.

EXERCÍCIO:

Liste agora o nome de três pessoas importantes para você no seu ambiente de trabalho. Pessoas que merecem mais atenção de sua parte. Agora selecione alguma surpresa que possa fazer a cada uma delas. Faça algo que nunca fez antes, de preferência. Algo surpreendente que demonstre o valor que esse indivíduo tem para você e sua gratidão por algo que ele(a) tenha feito por você.

Vamos lá, isso lhe dará prazer.

* Mais informações sobre os estudos e reflexões sobre a felicidade, você encontra em nossa obra *Lições para Uma Vida Feliz*, que também faz parte da *Coleção Desenvolvimento Humano*!

PARTE II

18

Inteligência Espiritual e Sucesso Profissional

*Sofremos demasiado pelo pouco que nos falta
e alegramo-nos pouco pelo muito que temos.*

SHAKESPEARE

COMENTÁRIO: ATÉ ALGUM TEMPO ATRÁS, qualquer tentativa de associação entre espiritualidade e mundo dos negócios era incompatível. Atualmente, essa visão vem amadurecendo e é cada vez mais comum encontrarmos pessoas em busca da espiritualidade, de algo que ultrapasse os limites da objetividade e que satisfaça ao crescente desejo de satisfazer os apelos presentes no mundo interior. Empresários, profissionais de diversos segmentos e o homem comum cada vez mais se interessam pela temática. É inegável que nossas crenças espirituais interferem em nossa forma de encarar os desafios da carreira e lidar com o dinheiro e os problemas do dia a dia. Assim sendo, vamos ver o que podemos aprender juntos?

Inteligência Espiritual e Sucesso Profissional

ALGUMA VEZ, AO ENFRENTAR UMA SITUAÇÃO DIFÍCIL em sua carreira, como ser despedido ou ter encontrado muitas respostas negativas para seus projetos, você conseguiu se manter determinado(a) até conseguir o que desejava? Ou em algum momento de sua vida você ousou a arriscar tudo em uma atitude inovadora, criativa e venceu o medo de errar? Lembra-se da última vez em que teve um problema difícil para ser resolvido e que lhe incomodava bastante, até que, "por encanto", uma intuição surgiu "do nada" e mostrou as respostas que tanto procurava? Experimentou a sensação de que foi mais fácil do que imaginava vencer um vício, como parar de fumar ou beber ou outro tipo de dependência moral ou afetiva, tão logo se decidiu com convicção de que aquilo não era o melhor para você? Se alguma das respostas acima for positiva, é bem provável que você esteja aperfeiçoando um novo tipo de inteligência, antes marginalizada pelos cientistas, agora muito respeitada pelos resultados que proporciona a quem a desenvolve. Refiro-me à inteligência espiritual.

Embora o termo nos remeta à concepção de religiosidade, a inteligência espiritual é uma habilidade que independe de qualquer religião, embora o sentimento de religiosidade possa auxiliar no desenvolvimento da inteligência espiritual. Esse termo é utilizado genericamente para retratar atitudes que geram ótimos resultados profissionais ou aumentam sua *performance* em alguma área específica. Atitudes que demonstrem presença de ousadia, fé de que tudo dará certo e confiança decorrente da percepção de lógica observada nas circunstâncias da vida e que demonstram que nada ocorre ao acaso. O sentimento de generosidade e forte senso de justiça em tudo o que faz. É um tipo de inteligência que se liga muito intimamente à inteligência emocional e que passou, nos últimos dez anos, a ocupar lugar de destaque na avaliação dos perfis de alguns profissionais.

Normalmente, pessoas com bom índice dessa inteligência assumem mais riscos e se comprometem em seus projetos com muito entusiasmo (palavra de origem grega, que não por acaso quer dizer "sopro divino"). Contagiam equipes com sua conduta ética e creem, com veemência, em leis que afirmam ser naturais, como, por exemplo, a intuição que normalmente surge quando se precisa de uma resposta na hora que menos se espera. Profissionais que trabalham com vendas e necessitam de serenidade para encarar clientes e situações difíceis, palestrantes e professores que precisam de inspiração para suasexposições e publicitários que necessitam de constantes *insights* para suas criações, são bons exemplos de pessoas que se beneficiam diretamente dessa habilidade.

Pessoalmente, procuro ser um profissional espiritualizado. Acredito muito na generosidade como forma de trabalhar as relações interpessoais, na ética como maneira de enfrentar situações conflitantes. Creio profundamente na importância de estar receptivo à intuição e exercitar a criatividade em todos os instantes. E além de tudo, tenho uma fé muito grande de que tudo obedece a uma grande ordem universal, de que somos regidos por uma lei superior, cuja influência, por decorrência, atinge o mercado de trabalho. Diariamente, podemos encontrar pessoas procurando emprego ou falando mal de seus empregos ou trazendo relatos similares ocorridos com terceiros, ou seja, estamos em contato frequente com manifestações de insatisfação de muitas pessoas que reclamam da realidade em que vivem, as quais facilmente se deixam abater perante as adversidades. E todas as vezes que encontro alguém com esse perfil, recordo-me do quanto o exercício pelo desenvolvimento da inteligência espiritual pode contribuir na releitura dessa realidade. Para quem deseja aprender a trabalhar com ela, escrevemos abaixo algumas dicas:

Seja sempre confiante no que fizer. Ainda que encontre muitos obstáculos para suas ideias, siga adiante. As maiores descobertas, como a lâmpada, o avião e a penicilina, nasceram da percepção de algumas pessoas que acreditaram no que ninguém mais acreditava.

Oriente-se pela razão, mas aja com o coração. Encontrar esse equilíbrio é tarefa desafiadora, mas de importância capital. Quem faz tudo com amor e dedicação, desperta uma espécie de magnetismo que tem o poder de atrair o rebento, que as mentes ociosas preferem chamar de sorte, enquanto as mentes perceptivas, ordinariamente, chamam de mérito.

Se os obstáculos forem maiores que suas forças, pare um pouco para descansar, mas jamais desista de lutar por sua missão pessoal. Foi esse tipo de sentimento que motivou Thomas Édson, Santos Dumont e Alexander Fleming a realizarem as descobertas acima descritas e que certamente procura espaço em você para crescer. Permita que ele cresça e mostre suas infinitas possibilidades.

Por mais difícil que possa ser desenvolver a inteligência espiritual, lembre-se de que o grande carvalho um dia foi apenas uma simples sementinha! Pense a respeito e envie-me um e-mail. Será um prazer compartilhar com você suas reflexões!

O Papel da Inteligência Espiritual em Nossa Vida

> As virtudes são sempre singulares,
> como cada um de nós; sempre plurais,
> como as fraquezas que elas combatem ou corrigem.
>
> ANDRÉ COMTE-SPONVILLE

Nunca se perguntou ou refletiu a respeito do real motivo de sua existência? De onde viemos, o que fazemos por aqui e para onde vamos após a morte... Essa velha busca pela compreensão do porquê de nossa existência nos acompanha há muitos milênios. Os estudos antropo-sociológicos nos mostram que a espécie humana, independentemente de seu adiantamento intelectual, sempre procurou encontrar o significado da vida. E, naturalmente, a busca por algo ou alguém que fosse a explicação ou a causa primária de todas as coisas passou a ser uma referência para os primeiros povos. Assim sendo, devemos muito da noção que temos atualmente de religião e religiosidade a muita gente que não conhecemos, mas que como você e eu também procuraram, a seu modo, adaptar-se às suas dúvidas fundamentais.

Não há como falar em sucesso profissional ou em qualquer outra área sem trabalhar a nossa relação com Deus. Segundo o último senso do IBGE, 99% da população brasileira diz acreditar em Deus, o que significa dizer que a maioria avassaladora dos cento e setenta milhões de tupiniquins construiu crenças profundas a respeito de sua religiosidade, influenciando diretamente em suas escolhas pessoais e profissionais. E mesmo os que se dizem ateus não conseguem viver sem essa relação com o Criador, pois passam a vida empenhados em negá-lo! E essa influência se faz presente em nossas atitudes, mais do que imaginamos. É preciso termos a hipocrisia de não aceitar que o profissional, do analfabeto ao cientista, toma decisões e posições importantes, ainda que inconscientemente, influenciado por suas crenças. Percebemos com alegria os ensaios, pesquisas por novas metodologias na investigação científica, a contemplar no resultado a interferência do ponto de vista do observador, pois que isso altera o resultado, já que o mesmo é a resultante das suas experiências de vida e registros.

E um bom exemplo disso é a nossa relação com a espiritualidade e a prosperidade. A história nos mostra que os Estados Unidos floresceram economicamente, dentre outros fatores, porque seus primeiros imigrantes eram compostos de protestantes que seguiam as orientações calvinistas, que estimulavam a prosperidade como forma de aproximação com Deus. Dessa forma, procurar o enriquecimento através do trabalho honesto era uma forma de também estar perto do Criador. Isso é muito sério! A crença de que é pecado prosperar, baseada em exemplos de grandes vultos espiritualizados que praticaram a abnegação, a exemplo de Jesus, que nasceu pobre, de um Francisco de Assis, que se despojou de tudo o que possuía, de uma Madre Tereza ou Chico Xavier, que abriu mão dos direitos autorais dos livros psicografados por ele e morreu recebendo apenas um simples salário mínimo, ignora o quanto essa postura castradora e punitiva sempre o impedirá de crescer profissionalmente, sem culpa.

Tenho visto muitos clientes, os quais atendemos no *coaching**, enfrentarem dificuldades no crescimento profissional porque sua relação com a prosperidade não é bem definida, seja porque acham que não merecem ou nutrem a crença de que não conseguirão chegar lá, ou por serem perdulários, por não se sentirem motivados a poupar e investir, ante a realidade de outros que passam por dificuldades, e até indivíduos que acabam prostituindo seus valores em troca das migalhas do êxito passageiro nas empresas ou na sociedade, sob o alto custo da moralidade ferida, através da corrupção ou da falta de ética para com os companheiros de trabalho.

Se você ainda não compreendeu a relevância da forma como suas crenças espirituais interagem com sua vida profissional, experimente conviver com alguém que tem fé, que acredita que não está sozinho e que nada ocorre ao acaso.Com certeza essa pessoa terá uma maior tendência a ser ousada, a correr mais riscos que alguém com baixa estima, que acha que ninguém a ama ou protege, que está desamparada. Cuidado com suas crenças! Elas nos moldam sem que percebamos. Mahatma Gandhi disse certa vez que precisamos construir em nós a mudança que desejamos ver no mundo. Essa afirmação de Gandhi é de tal magnitude que abrange uma das respostas do porquê de muita gente sentir-se fracassada profissionalmente. Vivemos tentando nos adaptar ao mundo, quando na realidade é preciso fazer o mundo espelhar a mudança que realizamos em nós, antes de mais nada. Não se muda ninguém, a não ser a nós próprios. Quer sucesso? Aprenda a ser disciplinado e planejar! Quer conviver com pessoas especiais? Seja uma e atrairá as outras! Quer receber reconhecimento no que faz? Dedique-se em tudo que fizer! Quer prosperidade financeira? Construa antes em sua mente a realidade que deseja viver um dia! Assim que o homem alcançar tal percepção, compreenderá que muitas de suas dúvidas, inseguranças ou atitudes incoerentes com a realidade que deseja conquistar têm forte relação com a essência de suas crenças; a partir de então, uma grande mudança começará a ocorrer.

Sei que não é simples, mas aproveite e reflita a respeito de sua relação espiritual e a forma como sua mente encara a prosperidade. Aguardo sua opinião por e-mail dessas reflexões que fizemos. Lembre-se de que a prosperidade inicia-se com atitudes prósperas. Aguardo a sua!

No próximo artigo, compartilharemos com vocês algumas dicas eficientes que vêm fazendo a diferença na vida de muita gente, inclusive na minha! Até lá!

COACHING: Processo estruturado que ajuda pessoas a atingir objetivos em sua vida pessoal, carreira e empreendimentos organizacionais. Por meio do *Coaching*, os clientes aprofundam seu aprendizado, melhoram sua *performance* e sua qualidade de vida!

A Inteligência Espiritual na Conquista do Sucesso Profissional

> Cultivar estados mentais positivos, como a generosidade e a compaixão, decididamente conduz a uma melhor saúde mental e à felicidade.
>
> *DALAI LAMA*

Falávamos a respeito da importância de levarmos em consideração a forma como lidamos com nossa espiritualidade em relação ao mundo dos negócios! Vimos que, segundo Mahatma Ghandi, precisamos construir em nós a mudança que desejamos ver no mundo e, naturalmente, essa mudança somente se faz a partir do momento que nos dedicamos integralmente a ela, de corpo e alma. Como somos seres gregários, ou seja, precisamos viver na companhia de outros seres, também somos indivíduos que trazem em sua essência a íntima consciência de haver um Ser acima de todas as coisas e "explicação de todo o início", como dizia Albert Einstein. O reflexo da maneira como interagimos com nossa consciência espiritual, afirmando ou negando a presença de Deus de forma direta ou indireta, influencia nossa vida profissional, queiramos ou não. E como esse tema é motivo de constrangimento para algumas pessoas que temem ser confundidas com fanáticos religiosos se admitirem seu sentimento de religiosidade no trabalho, vindo a ser discriminadas por tal, preferem manter-se isoladas em suas crenças, mas agindo, ainda assim, dentro de suas influências! E claro que há pessoas que confundem as coisas e realmente agem de maneira desrespeitosa com os outros e mais se assemelham a fanáticos, limitando o alcance da visão, restringindo-a por dogmas e posturas de julgamento e sectarismo. Mas neste artigo o nosso foco não é este; estamos considerando outra situação:

A questão aqui não é religião, mas religiosidade, ou seja, a vivência espiritual que cada um de nós possui! Uma experiência pessoal e intransferível que nos acompanha em toda nossa trajetória. Para melhor representar a relevância dessas questões em nosso cotidiano, segue nos parágrafos seguintes algumas reflexões para avaliarmos qual o nível de interação existente entre nossas atitudes e nossa consciência de espiritualidade para alcançarmos a prosperidade. É comum conhecermos pessoas que passam por situações econômicas muito adversas, agravadas por problemas de saúde e até relacionais, como brigas com os pais, filhos ou mesmo dissidências conjugais. E esses indivíduos normalmente não conseguem separar os conflitos da vida pessoal do âmbito profissional, levando seu estado de humor, baixa criatividade e desânimo para o ambiente de trabalho, o que acarreta baixa produtividade. Pesquisas demonstram que empresas que estimulam vivências espiritualizantes no ambiente de trabalho, em horários específicos, acabam conseguindo um maior nível de comprometimento de seus funcionários com a instituição, o que gera benefícios a todos. A ideia não é falar de religião, mas estimular o sentimento de religiosidade existente dentro de cada um. Em determinados casos, como por exemplo em algumas empresas de construção civil, isso pode representar uma economia brutal, levando em consideração a diminuição de acidentes dentro do ambiente de trabalho e a diminuição do alcoolismo e do consumo de drogas, já que funcionários mais equilibrados emocionalmente tendem a agir de forma mais consciente e menos impulsiva frente aos desafios.

Se partirmos do pressuposto de pessoas que desenvolveram a fé, solidificando-a em suas crenças, vamos encontrar com mais facilidade empresários propensos a correr riscos em novos negócios e até no mercado financeiro, não apenas seguindo uma racionalidade numérica que os estimule, mas dando vazão à sua confiança de que não estarão abandonados. E, ainda assim, em casos de falência ou mesmo fracasso por problemas entre sócios de uma empresa, tendemos a encontrar indivíduos que constroem energias renovadoras em sua consciência de "... que nada ocorre ao acaso e que as adversidades na vida geram crescimento, nos preparando para conquistas maiores...". Tais afirmações são estimulantes, principalmente em momentos difíceis, mas não brotam em manuais de administração e sim das crenças que cada um traz consigo.

Quando trabalho com jogadores profissionais de futebol, percebo nitidamente a influência que resulta da religiosidade em cada um ao enfrentar as dificuldades típicas desse esporte. Alguns que têm sua raiz espiritual muito forte são mais persistentes em momentos difíceis, em que não estão jogando bem. Outros nem sequer saem para as noitadas, direcionando sua vida de forma a abster-se de álcool e de contato com casos extraconjugais. Apesar de não ser uma regra, atletas distantes desse comportamento tendem a ter crenças espiritualizantes mais flexíveis, demonstrando na prática o que está sendo vivenciado dentro si. Moral da história: cuide bem de seus valores espirituais. Eles podem ser a chave de seu sucesso ou fracasso, de sua motivação ou desânimo. A ideia não é ser nem descrente nem fanatizado, mas buscar edificar raízes sólidas em seu nível de crença a respeito da vida e de como você está em relação a ela, de forma que sua confiança em si mesmo aumente e os resultados esperados possam ser alcançados naturalmente!

EXERCÍCIO:

Releia os três artigos sobre o mesmo tema e faça anotações de atitudes imediatas que possam ser implementadas para iniciar um processo de espiritualização de sua vida profissional e financeira e, em alguns casos, melhorar o que já é bem feito, haja vista que muita gente espiritualizada já habita o mercado de trabalho e o preenche com sua maravilhosa maneira de ser!

19

Apenas Por um Dia

> A boa madeira não cresce com sossego;
> quanto mais forte os ventos, mais forte a madeira.
> *J.WILLARD MARRIOT*

COMENTÁRIO: ESTE TEXTO FOI ESCRITO em um dia que eu estava muito reflexivo sobre os "anos novos". Era ocasião do Natal e mais um ano se aproximava. Sempre me incomodou essa ideia de que algumas pessoas nutrem de que apenas podem planejar-se no início do ano para mudanças estratégicas que, acredito eu, possam e devam ser feitas em qualquer momento do ano, desde que se faça oportuna realizá-la. No entanto, reconheço ser este o instante propício em que avalia-se o que deveria ter feito e não foi durante o ano que se finda. Assim sendo, foi com esse espírito que iniciei a construção do artigo a seguir, e do qual gosto muito...

Apenas por Um Dia...

O NOVO ANO CHEGOU E APENAS POR UM DIA serei o melhor de mim mesmo!

Começarei acreditando no meu poder de realizar meus sonhos;

Na minha capacidade de renovar a mim mesmo e construir novos hábitos.

Mostrarei ao mundo que posso ser eu mesmo, sem agredir ninguém, respeitando as semelhanças e amando as diferenças...

Meus olhos mostrarão um brilho de autoconfiança; um brilho que somente as pessoas que sabem o que estão fazendo de suas vidas podem ter;

Neste momento não serei um super-homem, mas um homem super... superanimado; superotimista; superiluminado!

Quem cruzar por mim vai se assustar. Pois neste dia conhecerão um novo eu, mais pleno, mais seguro e mais capaz!

Não adianta virem até mim falar que o mundo está cheio de problemas, pois neste dia isso não vai me contagiar.

Conheço a dualidade da vida: frio - quente; amor - ódio; dia - noite; fome - saciedade. Dessa forma, segundo essa lei, todo problema tem seu extremo oposto: a solução. E confio que chegarei até ela!

Tristeza??? De forma alguma. Somente por um dia serei alegre, não importa o que ocorra. Se só tiver pepino, monto uma quitanda; se chover canivete, monto uma barraca no meio da praça e os venderei com desconto...

Neste dia ficarei feliz com a caminhada, independentemente de aonde a estrada me levar;

Experimentarei o desapego, sem sofrer por antecipação.

Neste dia, meu coração derramará em todos os corações amargos que cruzarem meu caminho doçura e compreensão, afinal, cada um dá o que tem e hoje eu tenho muito para doar!

Neste instante, todos querem ser como eu, mas eu apenas desejo que todos sejam como podem ser. Desejo que todos possamos superar nossas deficiências; nossos traumas passados e os medos em relação ao futuro!

Neste dia, se alguém me disser que está com medo, direi-lhe que medo é um negócio que só existe na mente da gente e que, na maioria das vezes, ele nunca se concretiza, a não ser em nossa imaginação. E se a pessoa não acreditar em mim, vou pedir para ela olhar para seu passado e contar nos dedos todos os medos que se concretizaram...

Nossa, como estou ansioso. Quero logo que chegue outro dia como este que tenho agora, só para repetir tudo de novo, para lembrar a mim mesmo que posso ter mais que apenas bons momentos na vida e que sou o que quiser achar que sou. Agora que sei como os dias podem ser diferentes, talvez possa fazer os anos serem diferentes também. Quem sabe?

Será que dias como esses demoram muito a acontecer outra vez?

Será que com o início dos anos fica mais fácil sermos nós mesmos?

Meu Deus, quantas perguntas. Será que toda pergunta tem uma resposta?

Nossa, perguntei novamente... Eu acho que o melhor mesmo é voltar a ser o que eu era.

Assim não precisarei me esforçar e mudar; nem terei de me esforçar para poder melhorar.

Poderei ser a eterna vítima e olhar para os outros como se todos fossem culpados pelos meus fracassos.

O único problema é que depois de hoje, não sei se conseguirei viver mais dessa forma. Porque quando descobrimos que podemos ser melhores do que cremos que somos, não aceitamos mais ser o que achávamos que éramos!

Pois é, apenas por um dia tentarei ser diferente, mesmo sabendo que amanhã posso voltar a ser a mesma coisa de sempre, mas pelo menos eu terei a consciência tranquila de que tentei, que não me entreguei a velhos receios e que pelo menos posso fazer diferente tudo o que habitualmente tenho feito. Nem que seja apenas por um dia ou quem sabe... por um ano!

20

Quer Qualidade de Vida? Fuja do Piloto Automático!

> A melhor maneira de melhorar o padrão de vida é melhorando o padrão de pensamentos.
>
> ANDERSEN

COMENTÁRIO: OUTRO ARTIGO DE GRANDE repercussão é o que se segue. Talvez em virtude do pragmatismo com que buscamos lutar pela sobrevivência, começamos a correr o risco de esquecer de cuidar de nós mesmos, da vida a nosso redor, enfim, do mundo do qual fazemos parte. E cair no piloto automático é muito perigoso. Será que você está nele e não sabe?

Quer Qualidade de Vida? Fuja do Piloto Automático!

JÁ PAROU PARA DAR UMA ESPREGUIÇADA hoje ou saiu correndo de manhã e nem café direito deu tempo de tomar? Exercícios físicos na sua vida, atualmente, só o de sair correndo muito para não se atrasar entre um compromisso e outro? Quando está almoçando, pensa no que vai fazer à tarde e à tarde, ao fazer o que pensou no almoço, já está concentrado(a) no que fará ao chegar a casa, e ao chegar lá, pensa no que fará no dia seguinte, ou seja, seu pensamento sempre está um passo à frente do momento em que você se encontra? Cuidado... você pode estar sofrendo da síndrome

"FQV". Falta de qualidade de Vida! Se for o seu caso, bem-vindo ao clube... superlotado!

Sem dúvida que nossa vida é dinâmica, agitada. No entanto, a maioria de nós, ao se descuidar, acaba vivendo em um automatismo tão intenso que nem percebe os prejuízos dessa correria desenfreada. É o que chamamos de cair no piloto automático (PA). Quem está no PA nem percebe o quanto está perdendo ou deixando de ganhar. A ansiedade do dia adia, atrapalha o rendimento no trabalho, gera conflitos com a família e até desestimula o contato saudável com os amigos. O cansaço excessivo diminui a resistência imunológica nos expondo mais facilmente às doenças; afeta o humor e prejudica o próprio desempenho intelectual e sexual. Resumo dessa história: viver no piloto automático, com síndrome "FQV", é um mal que atinge cada vez mais pessoas em todo o mundo, de todas as classes sociais.

O rico tem medo de ficar pobre, perder patrimônio, posição social. O pobre luta pela sobrevivência, pela possibilidade de ascender socialmente. Quem está doente tem medo de não melhorar. Quem está saudável tem receio de adoecer. Quem está desempregado não dorme direito porque precisa de um emprego. Quem tem um emprego não dorme com medo de perdê-lo. É uma realidade cheia de contrastes, que nos conduz ao estresse contínuo em que vivemos! E você, o que tem feito com os contrastes de sua existência? Seu piloto automático já está ligado há muito tempo???

Quer Qualidade de Vida? Fuja do Piloto Automático!

Se a resposta for positiva, tenha cuidado para que ele não o(a) leve para um cotidiano sem graça, insensível às belas coisas da vida.

Falar em estar atento às belas coisas da vida chega a ser considerado "pieguice"... Você acha que não devemos? Sinceramente, não vejo muito sentido em viver desesperadamente lutando pela sobrevivência sem se dar conta do mundo à nossa volta. Já notou que a maioria de nós somente vai parar para valorizar sua realidade quando perdê-la? Quando finalmente dará vazão ao desejo de passar mais tempo com quem se ama, dedicar-se mais à sua saúde ou parar para sentir o friozinho da manhã no rosto?... e se já for tarde para isso? Certa vez, ministrando palestra sobre motivação numa empresa, que é a mais importante no seu segmento, percebi que os funcionários tinham o mesmo problema, independentemente do lugar do país no qual atuem: estão estressados, atuam no piloto automático, perdendo qualidade de vida e sem saber o que fazer. E, como a maioria de todos nós, usam a desculpa de ter que garantir a sobrevivência como justificativa para não parar, reavaliar suas prioridades e planejar seu futuro com toda gama de oportunidade que deseja ter.

William James, o pai da psicologia moderna, disse no final do século XIX que a maior descoberta de seu tempo foi a de que "...antes acreditava-se que era necessário fazer algo para que o desejo aparecesse, e agora percebemos que fazendo as coisas, o desejo aparece, ou seja, o passarinho não canta porque está feliz e sim está feliz porque canta!...". Dessa forma, precisamos construir condições para modificar esse quadro. Necessitamos nos programar para fazer *pit stops*, ou seja, paradas estratégicas para refletirmos sobre a vida e para aproveitarmos mais em vez de esperarmos tudo ficar favorável para depois agirmos. Uma sugestão: por que não aproveitar o final de semana ou próximo feriado para entrar em contato com você e seus sonhos, para buscar em si motivação para seu sucesso? Que tal romper a rampa do comodismo e iniciar uma nova trajetória.

Comece devagar, passo a passo. Em um dia, pare a cada 2horas para descansar 10 minutos. Na próxima semana, dedique30 minutos para um bom relaxamento em uns dois dias. No próximo mês, inicie uma série de atividades prazerosas que cuidem de sua alma, como fazer um trabalho voluntário, visitando enfermos, crianças carentes ou simplesmente doando seu tempo para ouvir alguém que não ouve há muito tempo. E, como já escrevi outras vezes, não se assuste se descobrir que no meio dessas mudanças há uma mente mais alegre e feliz percebendo a beleza das coisas simples, vencendo a "FQV" e fugindo do piloto automático! São atitudes simples, mas a imensidão das areias dos oceanos não é feita de minúsculos grãos de areia?

EXERCÍCIO:

Vamos, como fizemos nos exercícios anteriores, refletir e nos ligar a mudanças que possam viabilizar nossos objetivos. Quem sabe concretizar uma vida com a qualidade que sempre desejamos e tínhamos dificuldades em construir ou mesmo agir para experimentar uma experiência nova, mas agir positivamente? Dessa forma, liste as mudanças necessárias e comece a agir!

21

Uma Carta para Você!

> O autoconhecimento é o começo da sabedoria,
> em cuja tranquilidade e silêncio
> se encontra o imensurável.
>
> KRISHNAMURTI

COMENTÁRIO: ESTE É O ÚLTIMO CAPÍTULO deste nosso primeiro volume contendo alguns artigos publicados em veículos de comunicação em todo o país, principalmente no jornal Hoje em Dia, de Minas Gerais. Espero, sinceramente, ter podido colaborar durante a leitura que se seguiu e a que você está prestes a iniciar, para que momentos prazerosos e reflexivos se façam presentes. Aproveito a oportunidade para convidá-los a conhecer nossas outras obras: *Lições para Uma Vida Feliz* e *Lições Espirituais para o Sucesso Profissional*.

E para finalizar em bom estilo, que tal escrever uma carta para você?

Uma Carta para Você!

ESTE É NOSSO ÚLTIMO ARTIGO DESTE LIVRO. E para aquele que, lendo esta obra, já tenha nos felicitado anteriormente com sua assiduidade em nossas palestras e cursos ou no *Coaching* e mesmo lendo outros de nossos livros e artigos, ou ainda, a você, com quem estamos interagindo pela primeira vez, é um momento especial, pois independentemente de qual tenha sido nossa relação até então, ela jamais poderá ser a mesma a partir de hoje.

Na hipótese de que você, leitor, tenha conseguido acompanhar o encadeamento, de modo a registrar os tópicos solicitados, é muito provável que possamos comemorar algumas conquistas. Este, sinceramente, é o desejo que nos motivou. Caso tenha refletido em cada tópico, registrando-os, certamente avaliou sua caminhada, comemorou os êxitos, enumerou os erros, encontrou as lições que estes trouxeram e colocou no papel muitas metas para sua vida neste novo período que se inicia após a finalização de sua leitura. Metas agregadas com entusiasmo. Objetivos capazes de levantar o ânimo nos momentos difíceis e de guiá-lo rumo à concretização de seus ideais. Já, no entanto, se alguma coisa deu errado, alguns desses fatores, se não a totalidade, podem estar pendentes.

Se não conseguiu concretizar os exercícios propostos, sugiro que volte, faça-os e depois prossiga. Claro que é apenas uma sugestão, mas seria interessante para nosso projeto, e principalmente para você, sua qualidade de vida, que você fizesse isso agora.

Com metas na mente e no papel, com prazos determinados e uma estratégia elaborada para alcançar os objetivos, nos resta agora arregaçar as mangas e trabalhar! E tenho uma excelente sugestão para que você acompanhe de perto sua trajetória no decorrer do processo. Escreva uma carta para você dizendo tudo o que gostaria de ler quando estivesse passando por grandes dificuldades ou mesmo quando estivesse indeciso ou pensando em desistir de seus objetivos. É sério o que estou dizendo. Pegue essa carta e dê a um amigo de sua confiança e peça que ele sempre lhe envie, sem avisar, nos momentos que perceber que ela poderá ser útil a você. Pode parecer uma prática inusitada e reconheço que realmente é, mas muito eficaz! Normalmente, depois de escrevermos a carta e darmos para o amigo, esquecemos dela e é uma sensação maravilhosa quando a recebemos nos momentos mais importantes! É um autêntico investimento que fazemos para nossa motivação futura!

Escreva na carta mensagens fortalecedoras e estimulantes para que quando a mesma chegar às suas mãos, essas ideias possam ser muito bem acolhidas. E não comente esse projeto com muitas pessoas, se não ele pode acabar banalizado. Comente apenas com quem você realmente confia! Pode ainda escrever todas as suas metas em outra carta e pedir que lhe enviem somente no final do ano. Assim você poderá comparar o quanto caminhou no período que se passou! Tenha certeza dos resultados agradáveis que essa simples atitude trás. Há algum tempo faço isso. Inclusive quando compro a agenda que me acompanhará nos momentos difíceis e prazerosos que vou passar. Todo ano escrevo uma dedicatória para mim na abertura da mesma. E uma mensagem de incentivo. Incrível como essas mensagens nos colocam para frente quando estamos meio caídos. Até na mensagem de abertura do celular faço isso. Minha frase de abertura é: viva um dia de cada vez! E realmente funciona. Recordo-me de pelo menos três oportunidades em que ligar o celular e ler a frase fizeram uma enorme diferença em meu dia!

Nós temos tantos conselhos a dar aos outros. Emitimos tantas opiniões a respeito do que eles deveriam ou não fazer. Pois é, chegou a hora de utilizarmos esse nosso lado conselheiro para nos beneficiar! Lembremo-nos de que são as pequenas pedras que nos fazem tropeçar, pois as grandes nós enxergamos!

EXERCÍCIO:

Escreva uma carta para você!

A Semente do Livro!

QUEM QUER PLANTAR PARA COLHER IMEDIATAMENTE pode plantar um pé de couve ou alface, entretanto, quem desejar semear para o futuro, precisará plantar um grande carvalho!

Assim é nossa vida: cheia de escolhas e atitudes que repercutem como um grande eco por onde vamos e, às vezes, até em um lugar o qual jamais alcançaremos.

Aceita uma dica para fazer parte da vida de milhões de pessoas que você jamais conhecerá, mas que será positivamente influenciada por um ato seu? Semeie livros. Isso mesmo, dê livros e compartilhe o conhecimento que chega até você. Não temos o direto de sermos egoístas e guardar apenas para nós os benefícios que nos chegam às mãos. Aprendi a vivenciar essa atitude há muito tempo. Aprendi com um amigo, ainda quando era adolescente. Presentear bons livros é fazer parte da vida e das escolhas que muitos tomarão por causa do que leram, ele me dizia. E uma simples contribuição que podemos dar à vida de indivíduos que talvez nem lhe agradeçam da forma devida, mas ainda assim seu coração se encherá de paz e alegria e sua mente ficará plena da sensação de prosperidade por não ter parado de semear a semente do conhecimento!

Semeie livros, ajude quem te cerca a construir novos caminhos!

Convite Especial!

Espero, sinceramente, que de alguma maneira a leitura e a ponderação a respeito das considerações feitas nesta obra venham a se concretizar nos resultados que você deseja e necessita. Se alguém, ao ler estas linhas, tiver experimentado a metade do prazer que tive ao preparar este material, terei cumprido meu objetivo!

RICARDO MELO

Saiba mais sobre nosso trabalho. É um convite especial. Temos vários cursos na área do desenvolvimento pessoal e profissional, além de uma extensa experiência com trabalhos em empresas, escolas e universidades! Tenho certeza de que você gostará de conhecer mais sobre nossos serviços. Entre os cursos mais procurados, temos: Técnicas de memorização; Administração do tempo; Meditação, Oratória, Relações humanas, Programação Neurolinguística, Negociação, Qualidade de vida e Métodos antiestresse, além do *Coaching*, nosso trabalho mais profundo!

Leia artigos, ouça entrevistas, cadastre-se e receba gratuitamente nossa programação de cursos e palestras em todo o Brasil no site: www.institutoricardomelo.com.br. Lá você encontra ainda os outros livros da *Coleção Desenvolvimento Humano*, além de cursos em VHS, CD e DVD e convites para cursos on-line.

Entre em contato conosco enviando sugestões, críticas e comentários. Desejamos muito construir laços profundoscom nossos amigos e clientes.

Curta a nossa *Fan Page* no Facebook:

Institutoricardomelooficial

AGENDE UMA ENTREVISTA COM RICARDO MELO.

VENHA CONHECER O *COACHING*

INSTITUTO RICARDO MELO

Endereço: Rua Timbiras, 1560/ sl 1001, Lourdes.

Belo Horizonte - MG. Cep: 30 140-061

Fone: (31) 3226-8010

e-mail: irm@institutoricardomelo.com.br

site: www.institutoricardomelo.com.br

QUALITYMARK EDITORA

Entre em sintonia com o mundo

Quality Phone:
0800-0263311
ligação gratuita

Qualitymark Editora
Rua Teixeira Júnior, 441 - São Cristóvão
20921-405 - Rio de Janeiro - RJ
Tel.: (21) 3295-9800
Fax: (21) 3295-9824
www.qualitymark.com.br
e-mail: quality@qualitymark.com.br

Dados Técnicos:

• Formato:	14 x 21 cm
• Mancha:	11 x 18 cm
• Fonte:	Humanst 777 BT
• Corpo:	11
• Entrelinha:	13
• Total de Páginas:	208
• 1ª Edição:	2014